実務に即した
刑法各論

五島幸雄【著】
帝京大学法学部教授・公証人
元・京都地方検察庁検事正

成文堂

##　はしがき

　本書は，平成22年3月に出版した「実務に即した刑法総論」に続いて，同書同様に初心者を対象にして書き上げた刑法各論の入門書であり，かつ，初めて刑法を学ぶ大学生のための教科書です。また，犯罪捜査の現場で職責を全うしている司法警察職員をはじめとする刑事司法に携わる人たち及び2009年5月から施行された裁判員裁判を通して刑法に興味と関心を持つ方々に対する刑法の概説書です。

　私は，検察官として約33年間，いわゆる犯罪の捜査・公判の遂行という検察実務の現場に身を置いた後，縁あって教鞭を執ることになり帝京大学法学部で「実学」教育を実践することとなりました。そこで先ず刑法に興味と関心を持ってもらうことが何よりも重要であると考え，体系別に具体的事例を数多く取り上げて講義する中で，知らず知らずのうちに国民生活に根を下ろした刑法の在り方と法的知識の涵養を図り，法的バランス感覚を身に付けてもらいたいという願いを込めて，前掲刑法総論を発刊した後，この度それと一体となる形で本書を認めた次第です。

　そこで本書では，分かり易く刑法第2編の罪の各条文に掲げられた犯罪全部を整理してまとめた上で（平成23年6月の刑法改正の分まで網羅した上で），特に日常頻繁に生起する主要な犯罪（殺人，傷害，強姦，窃盗，強盗，放火，交通事犯，薬物犯罪等）について，実務的な観点から犯罪の罪質・態様，法的問題点等を取り上げ，誰もが興味を持ち納得し飽きずに読めるように可能な限り平易な文章で解説し，さらに刑法各論を刑法総論と関連付けて説明することにより，刑法全体の理解に役立つ書籍となるように工夫しました。取り分け，刑法各論と総論が関連する事項に関しては，重複をおそれず繰り返し説明して問題点を常に意識できるように努めております。

　したがって本書は，裁判員裁判の対象となる主要な犯罪の概要と問題点を具体的に知る上でも，実際に犯罪捜査に従事する者がその職責を果たす上でも，また裁判員となって裁判官と共に刑事事件を審理し，評議・評決を行う

上でも，座右に置いて役立つものとなっており，刑法の基礎的知識と法的感覚を収得し得る絶好の書でもあります。前掲刑法総論と併せて本書も一気に読んで（難解なところは読み飛ばし），刑法の全体像を理解していただければ，所期の目的を達成することになり，これ以上の喜びはありません。

　なお，本書を執筆するに当たり，実務の研修用教材として使われている財団法人法曹会の編集・発行に係る「例題解説・刑法各論(一)，(二)，(三)」，法務総合研究書発行の「刑法各論(その１)，(その２)」を参考文献として使用させていただいたことを付言して心から感謝の意を表するとともに，本書を刊行するに当たり，出版を強く勧めてくれた株式会社成文堂及び編集部の皆さんと，これまで私を温かく見守りご指導してくださった諸先輩に深甚なる敬意を表し，厚く御礼申し上げる次第です。

　平成23年8月

五　島　幸　雄

目　次

はしがき

第 1 編　個人的法益に対する罪

第 1 章　生命・身体を害する罪 …………………………………… 3
1　序　論 ……………………………………………………………… 3
2　殺人の罪 …………………………………………………………… 4
1　殺人罪 …………………………………………………………… 4
① 主体，客体　*5*
② 行　為　*5*
③ 因果関係　*6*
④ 故　意　*7*
⑤ 違法性・責任　*8*
⑥ 未遂罪・共犯　*9*
⑦ 罪　数　*11*
⑧ 公訴時効　*11*
2　殺人予備罪 …………………………………………………… *12*
3　自殺関与罪，同意殺人罪 …………………………………… *13*
4　未遂罪の処罰規定 …………………………………………… *14*
3　傷害の罪 ………………………………………………………… *16*
1　暴行罪 ………………………………………………………… *16*
① 行為及び暴行の概念　*16*
② 暴行罪の形態　*17*
③ 他罪との関係　*17*
2　傷害罪 ………………………………………………………… *18*
① 行　為　*18*
② 故　意　*19*

　　　　③　違法性・責任　*19*
　　　3　傷害致死罪 ………………………………………………………………*21*
　　　　①　結果的加重犯 …………………………………………………*21*
　　　　②　因果関係 ………………………………………………………*21*
　　　4　現場助勢罪 ………………………………………………………………*22*
　　　5　同時傷害の特例 …………………………………………………………*22*
　　　6　危険運転致死傷罪 ………………………………………………………*23*
　　　7　凶器準備集合罪，凶器準備結集罪 ……………………………………*25*
　④　過失傷害の罪 …………………………………………………………………*26*
　　　1　過失傷害罪 ………………………………………………………………*26*
　　　2　過失致死罪 ………………………………………………………………*27*
　　　3　業務上過失致死傷罪，重過失致死傷罪，自動車運転過失致死
　　　　傷罪 ……………………………………………………………………*27*
　⑤　堕胎の罪 ………………………………………………………………………*30*
　　　1　堕胎罪 ……………………………………………………………………*30*
　　　2　同意堕胎罪，同意堕胎致死傷罪 ………………………………………*30*
　　　3　業務上堕胎罪，業務上堕胎致死傷罪 …………………………………*31*
　　　4　不同意堕胎罪 ……………………………………………………………*31*
　　　5　不同意堕胎致死傷罪 ……………………………………………………*31*
　⑥　遺棄の罪 ………………………………………………………………………*32*
　　　1　遺棄罪 ……………………………………………………………………*32*
　　　2　保護責任者遺棄罪，保護責任者不保護罪 ……………………………*33*
　　　3　遺棄致死傷罪，保護責任者遺棄致死傷罪 ……………………………*34*

第2章　自由を害する罪 ……………………………………………………*35*

　①　序　論 …………………………………………………………………………*35*
　②　強制わいせつ及び強姦の罪 …………………………………………………*35*
　　　1　強制わいせつ罪 …………………………………………………………*35*
　　　2　強姦罪 ……………………………………………………………………*36*

　　　　① 主体・客体　36
　　　　② 行　為　37
　　3　準強制わいせつ罪，準強姦罪 ……………………………………39
　　4　集団強姦罪，集団準強姦罪 ………………………………………39
　　5　親告罪の規定 ………………………………………………………41
　　6　強制わいせつ致死傷罪，強姦致死傷罪，集団強姦致死傷罪 ………42
　　　　① 死傷の結果　42
　　　　② 実行の着手と致死傷　43
　　　　③ 殺人罪との関係　44
　　　　④ 法定刑　44
　3　逮捕及び監禁の罪 …………………………………………………45
　　1　逮捕罪，監禁罪 ……………………………………………………45
　　2　逮捕致死傷罪，監禁致死傷罪 ……………………………………46
　4　脅迫の罪 ………………………………………………………………46
　　1　脅迫罪 ………………………………………………………………47
　　2　強要罪 ………………………………………………………………47
　5　略取，誘拐及び人身売買の罪 ……………………………………48
　　1　未成年拐取罪 ………………………………………………………49
　　2　営利目的等拐取罪 …………………………………………………49
　　3　身代金目的拐取罪，身代金交付罪・身代金要求罪 ……………50
　　4　所在国外移送目的拐取罪 …………………………………………50
　　5　人身売買罪 …………………………………………………………51
　　6　被拐取者所在国外移送罪 …………………………………………51
　　7　被拐取者引渡し等罪 ………………………………………………51
　　8　身代金目的拐取予備罪 ……………………………………………52

第3章　私生活の平穏を害する罪 ………………………………………54
　1　序　論 …………………………………………………………………54
　2　住居を侵す罪 ………………………………………………………54
　　1　住居侵入罪 …………………………………………………………54

2　不退去罪 ………………………………………………… 57
　③　秘密を侵す罪 …………………………………………… 58
　　1　信書開封罪 ……………………………………………… 58
　　2　秘密漏示罪 ……………………………………………… 58

第4章　名誉・信用を害する罪 ……………………………… 60

　①　序　論 …………………………………………………… 60
　②　名誉に対する罪 ………………………………………… 60
　　1　名誉毀損罪 ……………………………………………… 60
　　2　死者名誉毀損罪 ………………………………………… 62
　　3　公共の利害に関する場合の特例 ……………………… 62
　　　①　意　義　63
　　　②　特例の要件　63
　　　③　不処罰の法的性格　65
　　　④　真実性の錯誤と名誉毀損罪の成否　65
　　4　侮辱罪 …………………………………………………… 65
　③　信用及び業務に対する罪 ……………………………… 66
　　1　信用毀損罪 ……………………………………………… 66
　　2　業務妨害罪 ……………………………………………… 67
　　3　威力業務妨害罪 ………………………………………… 68
　　4　電子計算機損壊等業務妨害罪 ………………………… 69

第5章　財産に対する罪 ……………………………………… 71

　①　序　論 …………………………………………………… 71
　　1　財産犯の種別 …………………………………………… 71
　　2　財産犯の保護法益 ……………………………………… 72
　　3　財産犯の客体 …………………………………………… 73
　　　①　財　物　73
　　　②　財産上の不法の利益　74

4　占有の概念 …………………………………………………………… 74
- ①　支配の事実と支配の意思　75
- ②　占有の帰属　76

5　権利行使と財産犯 ……………………………………………………… 78

6　不法原因給付と財産犯 ………………………………………………… 78

2　窃盗及び強盗の罪 ………………………………………………………… 79

1　窃盗罪 …………………………………………………………………… 79
- ①　客　体　79
- ②　行　為　79
- ③　故意及び不法領得の意思　81
- ④　罪数及び他罪との関係　83
- ⑤　略式手続　83

2　不動産侵奪罪 …………………………………………………………… 83

3　強盗罪 …………………………………………………………………… 84
- ①　客　体　84
- ②　行　為　84
- ③　故　意　86
- ④　他罪との関係　87

4　強盗予備罪 ……………………………………………………………… 88

5　事後強盗罪 ……………………………………………………………… 88

6　昏睡強盗罪 ……………………………………………………………… 90

7　強盗致傷罪，強盗致死罪，強盗傷人罪，強盗殺人罪 ……………… 90
- ①　意　義　90
- ②　主　体　90
- ③　行　為　91
- ④　強盗殺人罪の検討　93

8　強盗強姦罪，強盗強姦致死罪 ………………………………………… 93

9　親族間の犯罪に関する特例 …………………………………………… 95

3　詐欺及び恐喝の罪 ………………………………………………………… 97

1　詐欺罪 …………………………………………………………………… 97
- ①　客　体　97
- ②　行　為　97

③ 既遂と未遂　*100*
④ 国家的法益の侵害と詐欺罪の成否　*100*
⑤ 罪数及び他罪との関係　*100*

2　電子計算機使用詐欺罪 …………………………………… *101*

3　準詐欺罪 ……………………………………………………… *101*

4　恐喝罪 ………………………………………………………… *102*

① 客　体　*102*
② 行　為　*102*
③ 既遂と未遂　*104*
④ 罪数及び他罪との関係　*104*

4　横領及び背任の罪 …………………………………… *106*

1　横領罪 ………………………………………………………… *106*

① 主　体　*106*
② 客　体　*106*
③ 行　為　*108*
④ 実行の着手と既遂時期　*109*
⑤ 罪数及び他罪との関係　*109*

2　業務上横領罪 ………………………………………………… *109*

3　占有離脱物横領罪 …………………………………………… *110*

4　背任罪 ………………………………………………………… *112*

① 主　体　*112*
② 目的(図利加害目的)　*113*
③ 行為(任務違背行為)　*113*
④ 結果(財産上の損害)　*114*
⑤ 故　意　*115*
⑥ 背任罪と横領罪の関係　*115*

5　盗品等に関する罪 …………………………………… *115*

1　盗品等無償譲受け罪，盗品等運搬罪等 ……………………… *115*

6　毀棄及び隠匿の罪 …………………………………… *117*

1　公用文書等毀棄罪 …………………………………………… *117*

2　私用文書等毀棄罪 …………………………………………… *118*

3　建造物損壊罪，建造物損壊致死傷罪 ………………………… *118*

4　器物損壊罪 …………………………………………………… *119*

5　境界損壊罪 ……………………………………………………… *120*
　　　6　信書隠匿罪 ……………………………………………………… *120*

第 2 編　社会的法益に対する罪

第 1 章　公共の平穏を害する罪 …………………………………… *123*

1　騒乱の罪 ……………………………………………………………… *123*
　　1　騒乱罪 …………………………………………………………… *123*
　　2　多衆不解散罪 …………………………………………………… *124*

2　放火及び失火の罪 …………………………………………………… *124*
　　1　概　説 …………………………………………………………… *124*
　　　① 保護法益　*124*
　　　② 行為(放火の意義)　*125*
　　　③ 結果(焼損の意義)　*126*
　　2　現住建造物等放火罪 …………………………………………… *127*
　　　① 客　体　*127*
　　　② 行為・結果　*128*
　　　③ 故　意　*128*
　　　④ 罪数及び他罪との関係　*129*
　　3　非現住建造物等放火罪 ………………………………………… *130*
　　4　建造物等以外放火罪 …………………………………………… *131*
　　5　延焼罪 …………………………………………………………… *131*
　　6　放火予備罪 ……………………………………………………… *132*
　　7　消火妨害罪 ……………………………………………………… *132*
　　8　失火罪 …………………………………………………………… *133*
　　9　激発物破裂罪，過失激発物破裂罪 …………………………… *133*
　　10　業務上・重過失失火罪，業務上・重過失激発物破裂罪 ………… *134*
　　11　ガス等漏出罪・流出罪・遮断罪，ガス等漏出等致死傷罪 ……… *134*

3　出水及び水利に関する罪 …………………………………………… *135*

1　現住建造物等浸害罪 …………………………………………… *135*
　　　2　非現住建造物等浸害罪 ………………………………………… *135*
　　　3　水防妨害罪 ……………………………………………………… *136*
　　　4　過失建造物等浸害罪 …………………………………………… *136*
　　　5　水利妨害罪，出水危険罪 ……………………………………… *136*
　　4　往来を妨害する罪 ……………………………………………… *136*
　　　1　往来妨害罪，往来妨害致死傷罪 ……………………………… *137*
　　　2　往来危険罪 ……………………………………………………… *137*
　　　3　汽車・電車・艦船転覆罪・破壊罪，汽車等転覆等致死罪 … *138*
　　　4　往来危険による汽車等転覆等罪 ……………………………… *138*
　　　5　過失往来危険罪等，業務上過失往来危険罪等 ……………… *139*

第2章　国民の健康を害する罪 …………………………………… *140*

　1　あへん煙に関する罪 ……………………………………………… *140*
　　　1　あへん煙輸入等罪 ……………………………………………… *140*
　　　2　あへん煙吸食器具輸入等罪 …………………………………… *140*
　　　3　税関職員あへん煙輸入等罪 …………………………………… *140*
　　　4　あへん煙吸食罪，あへん煙吸食場所提供罪 ………………… *140*
　　　5　あへん煙等所持罪 ……………………………………………… *141*
　2　飲料水に関する罪 ………………………………………………… *141*
　　　1　浄水汚染罪 ……………………………………………………… *141*
　　　2　水道汚染罪 ……………………………………………………… *141*
　　　3　浄水毒物等混入罪 ……………………………………………… *142*
　　　4　浄水汚染等致死傷罪 …………………………………………… *142*
　　　5　水道毒物等混入罪，水道毒物等混入致死罪 ………………… *142*
　　　6　水道損壊罪，水道閉塞罪 ……………………………………… *142*

第3章　公共の信用を害する罪 …………………………………………… *144*

1　通貨偽造の罪 ……………………………………………………………… *144*
 1 通貨偽造罪・通貨変造罪，偽造等通貨行使・交付・輸入罪 …… *144*
 2 外国通貨偽造罪・変造罪，偽造等外国通貨行使等罪 ……………… *146*
 3 偽造等通貨収得罪 ……………………………………………………… *146*
 4 通貨収得後知情行使罪 ………………………………………………… *146*
 5 通貨偽造等準備罪 ……………………………………………………… *147*

2　文書偽造の罪 ……………………………………………………………… *147*
 1 概　説 …………………………………………………………………… *147*
  ①　文書偽造の罪の本質　*147*
  ②　文書偽造の罪の客体となる文書の概念　*148*
  ③　文書偽造の罪の行為　*149*
 2 詔書等偽造罪・変造罪 ………………………………………………… *153*
 3 公文書偽造罪・変造罪 ………………………………………………… *153*
 4 虚偽公文書作成罪・変造罪 …………………………………………… *154*
 5 公正証書原本不実記載罪 ……………………………………………… *154*
 6 偽造公文書行使罪 ……………………………………………………… *155*
 7 私文書偽造罪・変造罪 ………………………………………………… *156*
 8 虚偽私文書作成罪 ……………………………………………………… *157*
 9 偽造私文書行使罪 ……………………………………………………… *157*
 10 電磁的記録不正作出罪・供用罪 …………………………………… *158*

3　有価証券偽造の罪 ………………………………………………………… *158*
 1 有価証券偽造罪・変造罪，有価証券虚偽記入罪 …………………… *159*
 2 偽造等有価証券行使罪 ………………………………………………… *159*

4　支払用カード電磁的記録に関する罪 ………………………………… *160*
 1 支払用カード電磁的記録不正作出罪・供用罪 ……………………… *160*
 2 不正電磁的記録カード所持罪 ………………………………………… *161*
 3 支払用カード電磁的記録不正作出準備罪 …………………………… *161*

5　印章偽造の罪 ……………………………………………………………… *162*

1　御璽等偽造罪，御璽等不正使用罪，偽造等御璽使用罪 ………… *162*
　　　2　公印等偽造罪，公印等不正使用罪，偽造公印等使用罪 ………… *162*
　　　3　公記号偽造罪，公記号不正使用罪，偽造公記号使用罪 ………… *163*
　　　4　私印等偽造罪，私印等不正使用罪，偽造私印等使用罪 ………… *163*
　6　不正指令電磁的記録に関する罪 …………………………………………… *163*
　　　1　不正指令電磁的記録作成罪 ……………………………………………… *164*
　　　2　不正指令電磁的記録取得罪 ……………………………………………… *164*

第4章　風俗・道徳的秩序を害する罪 …………………………………… *165*

　1　わいせつ及び重婚の罪 ……………………………………………………… *165*
　　　1　公然わいせつ罪 …………………………………………………………… *165*
　　　2　わいせつ物頒布罪・公然陳列罪・所持罪・保管罪 ………………… *165*
　　　3　淫行勧誘罪 ………………………………………………………………… *166*
　　　4　重婚罪 ……………………………………………………………………… *167*
　2　賭博及び富くじに関する罪 ………………………………………………… *167*
　　　1　賭博罪 ……………………………………………………………………… *167*
　　　2　常習賭博罪，賭博場開帳図利罪，博徒結合図利罪 ………………… *168*
　　　3　富くじ発売罪等 …………………………………………………………… *169*
　3　礼拝所及び墳墓に関する罪 ………………………………………………… *169*
　　　1　礼拝所等不敬罪，説教等妨害罪 ……………………………………… *169*
　　　2　墳墓発掘罪 ………………………………………………………………… *170*
　　　3　死体等損壊罪・遺棄罪・領得罪 ……………………………………… *170*
　　　4　墳墓発掘死体損壊罪・遺棄罪・領得罪 ……………………………… *171*
　　　5　変死者密葬罪 ……………………………………………………………… *171*

第3編　国家的法益に対する罪

第1章　国家の存立を脅かす罪 ……………………………… 175

1 内乱に関する罪 …………………………………………… 175
1 内乱罪 ……………………………………………………… 176
2 内乱予備罪，内乱陰謀罪 ………………………………… 176
3 内乱等幇助罪 ……………………………………………… 176

2 外患に関する罪 …………………………………………… 177
1 外患誘致罪 ………………………………………………… 177
2 外患援助罪 ………………………………………………… 177
3 外患予備罪，外患陰謀罪 ………………………………… 177

3 国交に関する罪 …………………………………………… 178
1 外国国旗等損壊罪・除去罪・汚損罪 …………………… 178
2 私戦予備罪，私戦陰謀罪 ………………………………… 178
3 中立命令違反罪 …………………………………………… 178

第2章　国又は公共団体の作用を害する罪 ……………… 179

1 公務の執行を妨害する罪 ………………………………… 179
1 公務執行妨害罪 …………………………………………… 179
　① 主体及び客体　179
　② 行　為　179
　③ 故　意　182
　④ 罪数及び他罪との関係 …………………………… 183
2 職務強要罪 ………………………………………………… 184
3 封印等破棄罪 ……………………………………………… 184
4 強制執行妨害目的財産損壊罪 …………………………… 184
5 強制執行行為妨害罪 ……………………………………… 185
6 強制執行関係売却妨害罪 ………………………………… 185

    7 加重封印等破棄罪 ……………………………………………… *185*
    8 公契約関係競売妨害罪，談合罪 …………………………… *185*
  2 逃走の罪 ……………………………………………………………… *186*
    1 逃走罪 …………………………………………………………… *186*
    2 加重逃走罪 ……………………………………………………… *187*
    3 被拘禁者奪取罪 ………………………………………………… *187*
    4 逃走幇助罪 ……………………………………………………… *188*
    5 看守者等逃走幇助罪 …………………………………………… *188*
  3 犯人蔵匿及び証拠隠滅の罪 ……………………………………… *189*
    1 犯人蔵匿罪，犯人隠避罪 ……………………………………… *189*
    2 証拠隠滅罪・偽造罪・変造罪，偽造証拠等使用罪 ………… *190*
    3 証人等威迫罪 …………………………………………………… *191*
  4 偽証の罪 ……………………………………………………………… *192*
    1 偽証罪 …………………………………………………………… *192*
    2 虚偽鑑定罪，虚偽通訳罪，虚偽翻訳罪 ……………………… *193*
  5 虚偽告訴の罪 ………………………………………………………… *193*
    1 虚偽告訴罪(誣告罪) …………………………………………… *193*

第3章　汚職の罪 ……………………………………………………… *194*

  1 職権濫用の罪 ………………………………………………………… *194*
    1 公務員職権濫用罪 ……………………………………………… *194*
    2 特別公務員職権濫用罪 ………………………………………… *194*
    3 特別公務員暴行陵虐罪 ………………………………………… *195*
    4 特別公務員職権濫用等致死傷罪 ……………………………… *195*
  2 賄賂の罪 ……………………………………………………………… *196*
    1 収賄罪 …………………………………………………………… *197*
    2 受託収賄罪 ……………………………………………………… *199*
    3 事前収賄罪 ……………………………………………………… *199*
    4 第三者供賄罪 …………………………………………………… *199*

5　加重収賄罪，事後収賄罪 ……………………………………200
　　6　あっせん収賄罪 ………………………………………………200
　　7　贈賄罪 …………………………………………………………202

第4編　規制薬物に対する罪

|1|　序　論 …………………………………………………………205
|2|　薬物の定義と犯罪性 …………………………………………205
　　①　覚せい剤　205
　　②　麻薬及び向精神薬　206
　　③　あへん　206
　　④　大　麻　207
|3|　禁止される行為 ………………………………………………207
　　①　輸　入　207
　　②　輸　出　208
　　③　所　持　208
　　④　製　造　208
　　⑤　譲渡し，譲受け　209
　　⑥　使用(施用)　209
|4|　営利目的事犯 …………………………………………………209

事項索引 ………………………………………………………………212

＊刑法総論の学習事項

- ❶ 不真正不作為犯(殺人罪) ……………………………………… 5
- ❷ 間接正犯(殺人罪) ……………………………………………… 6
- ❸ 因果関係(殺人罪) ……………………………………………… 7
- ❹ 構成要件的錯誤(殺人罪) ……………………………………… 8
- ❺ 違法性阻却事由(殺人罪) ……………………………………… 8
- ❻ 責任阻却事由(殺人罪) ………………………………………… 9
- ❼ 共同正犯と同時犯(殺人罪) …………………………………… 10
- ❽ 共犯の錯誤(殺人罪) …………………………………………… 10
- ❾ 予備罪の中止未遂・共同正犯 ………………………………… 12
- ❿ 構成要件的錯誤(同意殺人罪) ………………………………… 14
- ⓫ 未遂罪の成否と中止未遂(殺人罪) …………………………… 14
- ⓬ 不能犯(殺人罪) ………………………………………………… 15
- ⓭ 違法性阻却事由(傷害罪) ……………………………………… 20
- ⓮ 原因において自由な行為(傷害罪) …………………………… 20
- ⓯ 因果関係(傷害致死罪) ………………………………………… 22
- ⓰ 共犯と身分(保護責任者遺棄罪) ……………………………… 33
- ⓱ 共謀共同正犯，共犯と身分(強姦罪) ………………………… 36
- ⓲ 中止未遂・共犯関係からの離脱(強姦罪) …………………… 40
- ⓳ 結果的加重犯と共同正犯・同時犯(強姦致傷罪) …………… 43
- ⓴ 実行の着手(強姦致傷罪) ……………………………………… 43
- ㉑ 共犯の錯誤(強盗罪) …………………………………………… 87
- ㉒ 結果的加重犯と共犯の錯誤(強盗致死傷罪) ………………… 92
- ㉓ 承継的共犯の成否(強盗致死傷罪) …………………………… 92
- ㉔ 共犯と身分(横領罪) …………………………………………… 110
- ㉕ 構成要件的錯誤，共犯の錯誤(占有離脱物横領罪) ………… 111
- ㉖ 構成要件的錯誤(器物損壊罪) ………………………………… 119
- ㉗ 不真正不作為犯(放火罪) ……………………………………… 125
- ㉘ 構成要件的錯誤(放火罪) ……………………………………… 128
- ㉙ 間接正犯の成否(虚偽公文書作成罪) ………………………… 154

❸⓪間接正犯の成否(私文書偽造罪)……………………………………………*156*
❸①共犯と身分(賭博罪)…………………………………………………………*168*
❸②違法性の錯誤・法律の錯誤(公務執行妨害罪)………………………………*183*
❸③共犯と身分(収賄罪)…………………………………………………………*197*
❸④構成要件的故意,構成要件的錯誤(薬物犯罪)………………………………*210*

第1編　個人的法益に対する罪

第 1 編　個人的法益に対する罪

第1章　生命・身体を害する罪

1　序　論

　人の生命・身体に対する侵害は，古くから悪質な行為として重大な犯罪とされ，我が国では刑法第2編「罪」の第26章から第30章までに，「殺人の罪」「傷害の罪」「過失傷害の罪」「堕胎の罪」「遺棄の罪」が設けられています。
　刑法総論で学習したとおり，犯罪とは構成要件に該当する違法，有責な行為ですが，刑法各論では，各条文に掲げられた個別的な構成要件に関し，それぞれの構成要件要素等（保護法益，主体，客体，行為，結果，因果関係，故意・過失等）を検討し，犯罪の成否を考えていくことになります。そのため結果的に被害者が死亡した事案であっても，加害者に殺人の故意（殺意）があったか否かで，殺意があれば殺人罪（刑法第199条，以下刑法の場合は条文のみ記載），殺意がなくても暴行又は傷害の故意があれば傷害致死罪（205条），極めて悪質な自動車運転によった場合なら危険運転致死罪（208条の2），過失によって死に至らしめた場合なら過失致死罪（210条）又は業務上過失致死罪（211条1項）か自動車運転過失致死罪（211条2項）が成立するとされ，それぞれ適用される条文が違ってくることや，故意の有無・内容，過失の有無・程度等によっては犯罪が成立しないこともあり得ることを理解できるようになるのです。
　ところで地方裁判所の裁判には，裁判官一名が取り扱う「一人制」と裁判官三名の合議体で取り扱う「合議制」とがありますが，合議事件の対象事件は原則として，死刑又は無期若しくは短期1年以上の懲役・禁錮に当たる罪に係る事件（裁判所法26条2項）と規定されており，また平成21年から施行された裁判員裁判では，死刑又は無期懲役・禁錮に当たる罪のほか，それを除いた合議事件対象事件中，故意の犯罪行為により被害者を死亡させた罪に係

る事件もその対象事件としています（裁判員の参加する刑事裁判に関する法律2条1項）。すなわち裁判員裁判は法定刑（刑罰）の重い罪に係る結果重大な事件を裁くことになるわけですが，正に人の生命・身体を害する犯罪はこれに該当するものが多く，殺人罪はもとより，傷害致死罪，危険運転致死罪のほか，不同意堕胎致死罪（216条），遺棄致死罪（219条）なども裁判員裁判の対象事件とされています。

本章の「生命・身体を害する罪」における犯罪の客体は「人」であり，「人」とは，自然人である「他人」を意味しています。民事上の権利義務の主体となり得る団体であっても「法人」を殺害するということはあり得ませんし，自然人であっても自殺する「本人」に殺人罪は適用されません。

なお「人」の始期は出生であり，判例・通説によれば，出生とは胎児が母体から一部露出したときとされており，母体から一部露出する前は胎児と呼ばれ，堕胎罪の客体にはなっても殺人罪の客体にはなりません。また「人」の終期は死亡であり，その時期は，自発呼吸の停止，脈拍の停止，瞳孔反応の消失の三兆候を総合して判断するというのが現時点の通説ですが，医療技術の発達，ことに臓器移植に関連して，脳の機能が永久的に終止する脳死の時点を死亡とする説も有力に主張されています。

2 殺人の罪（刑法第2編第26章，以下刑法第2編は省略）

1 殺人罪

199条　人を殺した者は，死刑又は無期若しくは5年以上の懲役に処する。

殺人罪の条文については，殺害の方法によって射殺，絞殺，毒殺等に分けたり，計画性の有無によって謀殺，故殺に分けたりする立法例もありますが，我が国の刑法は，殺人罪を包括的に定めています。そして法定刑の幅も，重ければ死刑，軽ければ懲役5年（刑の減軽理由があれば，3年以下の懲役として執行猶予付きの判決も可能となります。）と極めて広く定められており，裁判官・裁判員の裁量の範囲もそれだけ大きくなっています。

① 主体，客体

本罪の主体は，自然人であり，本罪の客体は，冒頭で説明した「人」です。

② 行　為

本罪の行為は，「人を殺す」ことであり，殺人は故意に人の生命を奪うことです。「人を殺す」という文言には殺人の故意（殺意）が含まれているので，殺意なしに被害者を死亡させても殺人罪にはなりません。その場合には死亡の結果に対して冒頭の序論で説明した他の罪名による致死の責任を問われるだけとなります。

殺人の行為は，手段・方法に制限はなく，身体や道具等による有形的な攻撃方法で殺害する撲殺，刺殺，斬殺，絞殺，扼殺，射殺，焼殺，毒殺等があるほか，無形的な方法により重篤な患者に強い衝撃を与えて殺害する行為なども考えられます。

ところで，行為というのは，法益侵害の現実的危険という実質を有し，特定の構成要件，例えば殺人罪ならその構成要件に形式的にも実質的にも該当すると認められる行為を意味し，これを「実行行為」と言っております。したがって人の死を願って丑の刻参りをしても，それは実行行為とは言えないので，仮に相手が交通事故で死んでも殺人罪には問われません。実行行為の開始を「実行の着手」と言い，着手後に結果が発生すれば既遂罪，結果が発生しなければ未遂罪となります。未遂罪は未遂を処罰する旨の定めがあって初めて処罰できることになっており（44条），殺人罪には未遂罪の処罰規定が置かれています（203条）。

殺人罪の実行行為には，積極的な動作である「作為」だけでなく，ある動作をしないという消極的な態度の「不作為」も含まれますし，他人を利用して，被利用者に実行行為を行わせるという形態もあります。

刑法総論の学習事項❶
―不真正不作為犯（殺人罪）―

犯罪の構成要件は，その大部分が積極的な動作である「作為」を内容としていますが，条文の中にはある動作をしない消極的な態度，つまり不作為を構成要件上の行為としている罪もあり，例えば不解散罪（107条），不

退去罪（130条後段），保護責任者不保護罪（218条後段）はこれに当たり「真正不作為犯」と呼ばれています。他方，作為を構成要件としている罪であっても，作為と同等に評価できる違法性のある不作為によってある結果を生じさせた場合に，作為義務を認め得る保障者的地位にある者に対しては不作為による結果発生の責任を問い得るとして犯罪の成立を認めるとするのが「不真正不作為犯」の理論です。判例は，殺人罪，放火罪，死体遺棄罪等について「不真正不作為犯」を認めていると解されます。例えば，小学校の教諭が生徒を引率して海水浴に行った際，生徒の一人が沖で溺れたにもかかわらず，その生徒がクラスのいじめの元凶であったことから，このまま死んでもかまわないと思って助けを呼ばずに放置したまま帰宅し，その生徒を溺死させてしまった場合，その教諭は引率者として救助すべき作為義務があり保障者的地位にある者であったところ，可能かつ容易な救助をせずに放置という不作為によって生徒を死亡させ殺害したものとして，殺人罪の不真正不作為犯の成立を認めることになるのです。

刑法総論の学習事項❷
―間接正犯（殺人罪）―

　犯罪は自ら直接実行行為を行うことで結果を発生させる「直接正犯」と呼ばれる形態が一般的ですが，自ら直接実行行為を行わず他人を利用して実行行為を行う形態もあり，これを「間接正犯」と呼んでいます。犯罪実行のために他人を利用する態様は多種多様ですが，殺人罪では，例えば事情を知らない看護師を使って患者に毒薬入りの注射をさせる事例，自殺を理解できない精神病者に切腹の方法を教えて腹を切らせる事例などがこれに当たります。

③　因果関係

　殺人罪は，殺人の実行行為により死亡の結果を生じさせたときに既遂になりますが，行為と結果との間に因果関係がなければ殺人罪は成立しません。因果関係とは，行為と結果の間における「原因と結果」というような一定の関係を言い，実行行為と結果との間に因果関係が認められない場合は，死亡の結果が発生したとしても殺人未遂罪となります。

> **刑法総論の学習事項❸**
> **―因果関係（殺人罪）―**
>
> 　例えば，部屋にいるとき殺害の故意で被害者を包丁で切り付けた後その流血を見て驚き，まだ生存する可能性があったのに，そのままその場から立ち去った場合において，被害者が救助を求めてその場から動いたために出血多量となって死亡したときには，容易に因果関係を肯定できますが，被害者自身が呼んだ救急車で病院に搬送される途中その救急車が交通事故にあったために死亡したときや，搬送された病院における手術で多量出血のため死亡したときには，因果関係があるかどうか判断に迷ってしまいます。判例は因果関係に関し，「条件説」若しくは「折衷的相当因果関係説」を採っていると解され，条件説によれば，一般的には刺されて流血しなければその後の展開もなく死の結果も発生しなかったという因果の流れから，いずれも因果関係を認めるものと思われます。また折衷的相当因果関係説によっても，救急車で病院に搬送されることは一般人なら認識できる事情ですから，その後の交通・医療という事情が加わった結果としても因果の流れとして説明できると解し因果関係を認めることも可能ですが，具体的事情によっては予測不可能な結果の発生としてこれを否定することもあり得ると思われます。なお前記の例で，犯人が立ち去った直後に起こった強い地震による揺れで室内のタンスが倒れて被害者を直撃したためその下で圧死したときは，両説いずれによっても因果関係が否定されるものと解されます。因果関係が肯定されれば殺人罪，因果関係が否定されれば殺人未遂罪として処罰されることになりますが，いずれにしても因果関係では社会常識に適った一般人の納得できる結論を導き出すことが肝要です。

④　故　意

　殺人の故意は，殺意とも言い，自己の行為により被害者が死亡する又は死亡するおそれのあることを認識認容してその行為をするという内容の主観的意図ですが，その故意は，確定的であっても未必的であっても，概括的であっても択一的であってもかまいません。犯罪の情状として故意の内容が考慮され量刑が異なることになっても，等しく故意犯が成立することに違いはありません。構成要件的故意（主観的構成要件的要素）があって客観的構成要件

要素（客体，行為，結果，因果関係）が充足されることにより構成要件該当性が肯定されるわけですが，現実的には故意の内容と実際に発生した結果とが異なる場合もあり，この場合を構成要件的錯誤又は事実の錯誤と呼んでいます（以下，単に「構成要件的錯誤」と言います。）。

刑法総論の学習事項❹
―構成要件的錯誤（殺人罪）―

故意の内容（認識認容した事実）と実際に発生した事実が異なる場合に，発生した結果について構成要件的故意による犯罪の成立が認められるのか，阻却されるのかというのが構成要件的錯誤の問題です。例えば
- Aを殺すつもりで牛乳に毒を容れてA方に届けたところ，たまたま遊びに来ていたBが飲んで死んでしまった場合（同一構成要件）
- Aを殺害する目的で発砲したところ，Aに当たらず，隣にあった高価な置物Bを壊してしまった場合（異なる構成要件）

は，前者が「具体的事実の錯誤」，後者が「抽象的事実の錯誤」となりますが，判例の見解とされる「法定的符合説」，「数故意説」によれば，前者につきAに対する殺人未遂罪とBに対する殺人罪，後者につきAに対する殺人未遂罪が成立することになります（Bに対する過失の器物損壊は，過失の処罰規定がないので不可罰）。

---

⑤ 違法性・責任

犯罪は，構成要件該当性の次に違法性，有責性を検討しますが，殺人罪については違法性，有責性に関する検討課題が少なくありません。

刑法総論の学習事項❺
―違法性阻却事由（殺人罪）―

構成要件に該当する行為は，構成要件自体が違法性を類型化したものですから原則として違法性が推定されることになります。その違法性の推定を覆して行為を適法なものとするのが違法性阻却事由です。通常被害者の承諾は，法令に定めはなくても超法規的な正当行為として違法性が阻却されることが多いのですが，殺人の場合は被害者の承諾があっても違法性は阻却されません。ただ承諾があれば違法性・責任が軽いということから，

199条と別に202条を独立して設け，承諾殺人罪が成立するとしています。生命という保護法益はそれほど重要ということですが，それでも，尊厳死，安楽死については，その要件を厳しく吟味・検討しながらも近時適法性を認める判例が表れています。

ところで違法性阻却事由の中には「正当防衛」（36条1項）があり，例えば，深夜通行中にいきなり暴漢に襲われて包丁で胸を狙われ，殺されそうになった際にその包丁を取り上げて相手を殺害した場合や，一緒に歩行中の恋人が殺害されそうになった際同様に相手の命を奪った場合などは，正当防衛として違法性が阻却され罰せられませんし，防衛の程度を超えた場合でも，「過剰防衛」（36条2項）として任意的に刑が減軽又は免除されます。同じ違法性阻却事由の「緊急避難」（37条）は，正当防衛と違い，現在の危難を避けるためやむを得ず第三者の法益を侵害する緊急行為ですので，補充の原則のほか法益権衡の原則も必要とされ，第三者の生命を奪ってしまう殺人罪の場合にはほとんど適用事例がありません。

刑法総論の学習事項❻
―責任阻却事由（殺人罪）―

構成要件に該当する違法な行為であっても，行為者に責任を問うことができなければ罰することができません。刑法では「心神喪失」「心神耗弱」の規定（39条）を置いて，心神喪失者の行為は罰せず，心神耗弱者の行為はその刑を減軽すると定めていますし，「責任年齢」の規定（41条）を置いて，14歳に満たない者の行為は，罰しないと定めています。したがって凶悪な犯罪を敢行した者であっても，裁判になって審理の結果，行為当時心神喪失と認定されれば無罪になりますし，心神耗弱と認定されればその罪は必要的減軽により死刑にはなりません（68条）。また14歳未満の者の場合には公訴が提起されることはないのです。

⑥　未遂罪・共犯

構成要件は既遂，単独犯の形式で書かれていますが，現実の犯罪では未遂にとどまる例，共犯の例が多数あります。殺人罪は203条に未遂罪の処罰規定がありますので，その条文のところで改めて未遂罪を説明することにし，

ここでは殺人罪に絡む共犯と同時犯及び共犯の錯誤の問題を取り上げます。

刑法総論の学習事項❼
―共同正犯と同時犯（殺人罪）―

　二人以上共同して犯罪を実行した者は，すべて共犯とすると定められており（60条），これが共同正犯と呼ばれるものですが，共同正犯の実質は，形式的な行為の分担ではなく，犯罪実行の共同謀議すなわち「共謀」が重要で，その共謀の存在と共同実行（共謀者の少なくとも一人による実行行為）の事実及び結果の発生が共同正犯成立の要件になります。例えば，暴力団組織の幹部が配下の者と殺人を共謀し，自らの外国旅行中に配下の者に殺害を実行させた場合には，現場にいなくても，また殺害行為そのものに直接関与していなくても殺人罪の共同正犯になりますし，また共謀の存在さえ認定できれば，二人の犯人が目的の人物を狙ってけん銃を発砲し，そのうち一発が命中して相手が死亡した際，どちらの弾が当たったのか不明の場合でも，共同実行による結果の発生ですから共謀者全員にそれぞれ殺人罪の共同正犯が成立します。

　これと異なり，「同時犯」とは，二人以上の者が同一の客体に対して時・所をほぼ同じくして発砲した際，二人の間には共謀がなかったという場合ですが，このような同時犯の例では，どちらか一方の弾が当たって相手が死亡したことは間違いないのですが，どちらの弾が当たったのか不明のため，各人の行為と死亡の結果との間にそれぞれ因果関係を認めることができず，結局二人とも殺人罪の既遂罪に問うことができず，殺人未遂罪となってしまいます。

刑法総論の学習事項❽
―共犯の錯誤（殺人罪）―

　例えば，XとYがAの殺害を共謀して，XがYにけん銃を渡して自宅で待機し，YがA方に赴いてAに向けて発砲したところ，隣で談笑していたBに当たってしまいBが死亡した場合，或いはXとYがAに傷害を与えることを共謀し，二人でA方に赴き，Xが玄関で見張りをしている間，Yが室内に侵入してAに対し暴行を振るううち，Aの態度に激昂し咄嗟に殺意

> を生じてAの腹部をナイフで突き刺して死亡させた場合など，共犯の錯誤が生ずる事例があります。前者が具体的事実の錯誤，後者が抽象的事実の錯誤ですが，法定的符合説によれば，前者は，Bに対する殺人の故意が阻却されずYがBに対する殺人罪に問われることから，XもBに対する殺人罪の共同正犯としての責任を問われることになりますし，後者は，実行行為者のYに殺人罪が成立するところ，Xについては傷害の故意で実際には殺人の結果が生じたことになりますので，構成要件的に重なり合う限度で傷害致死罪を認めることとし，Yには殺人罪，Xには傷害致死罪が成立し，二人は共同正犯になると考えられます。

⑦ 罪　数

人の生命は，別個独立の一身専属的法益ですから，被害者の数が犯罪の個数になり，数名殺害すればその数だけ殺人罪が成立します。

一人の行為者に複数の犯罪が成立する場合は「犯罪の競合」となり，その処断については数罪のまま刑が併科される「併合罪」のほか，一個の行為で数人を殺害したときに科刑上の一罪として処理される「観念的競合」というケースがあります。例えば，異なる機会にそれぞれ人を殺害すれば数個の殺人罪の併合罪になりますし，数人を殺す意思で通行人の列の車を疾走させて同時に数人を殺害した場合は数個の殺人罪の観念的競合となります。

なお，よくある例で人の住居に侵入して居合わせた人を殺害した場合は，住居侵入罪（130条）と殺人罪が成立しますが，両罪は客観的に見て「手段と目的」又は「原因と結果」という関係にあると認められるので「牽連犯」と解され，これも科刑上の一罪として処理されます。

⑧ 公訴時効

公訴時効は，時の経過による事実状態の尊重等を理由として設けられたものであり，一定期間の経過により公訴権を消滅させてしまう規定です（刑事訴訟法250条）。殺人という重罪であっても，公訴時効は平成17年までは15年，その後改正されても25年という期間が定められていましたが，さらに平成22年に改正され，殺人罪は，「人を死亡させた罪であって死刑に当たる罪」として公訴時効の対象となる罪から除外され，強盗殺人罪・強盗致死罪，強盗

12　第1編　個人的法益に対する罪

強姦致死罪などとともに，公訴時効がなくなりました。

（200条は，以前は「尊属殺人罪」の規定がありましたが，今は削除されています。）

2　殺人予備罪

201条　第199条の罪を犯す目的で，その準備をした者は，2年以下の懲役に処する。ただし，情状により，その刑を免除することができる。

　人の生命を侵害する重大な犯罪である殺人罪については，その危険性・悪質性から事前の準備行為も予備罪として処罰されることになっています。予備罪には，基本的犯罪に関するものとして殺人予備罪のほか，放火予備罪（113条），強盗予備罪（237条）がありますし，他にも内乱予備罪（78条），外患誘致・援助予備罪（88条），私戦予備罪（93条），身代金目的拐取予備罪（228条の3）などがあります。

刑法総論の学習事項❾
―予備罪の中止未遂・共同正犯―

　予備罪に対する中止未遂の適用については，予備の段階から実行の着手に至った後に中止した場合，中止未遂（43条但書）の規定により刑の必要的減免が行われるところ，予備罪に中止未遂を認めなければ，実行の着手後の中止未遂の犯人より予備罪にとどまった者の方が重い刑に処せられるおそれがあるので，刑の権衡上から予備罪にも中止未遂を認めるべきであるとする有力説が主張されているのです。しかし判例は一貫して，中止未遂とは「犯罪の実行に着手した」者に対するものであるから，予備罪には法文上からも中止未遂の観念を容れる余地がないとしています。殺人予備罪と放火予備罪については，条文上刑の免除の定めがあるので実際上の不都合を生じませんが，刑の免除の定めがない強盗予備罪については再検討の余地があるかも知れません。

　予備罪に共同正犯が認められるかどうかについても，実行行為をいかに考えるかで適用・不適用の争いがあります。例えば，共犯者から殺人の用に供する毒薬の調達を依頼された者が，これを手に入れて共犯者に渡したところ，共犯者が殺人の実行行為に出なかった場合，実行行為がないから殺人の共同正犯はもとより殺人予備罪の共同正犯も成立しないとする説と，

> 予備行為にも実行行為性を認めることができるとして殺人予備罪の共同正犯が成立するという説が対立していますが、この点判例は殺人予備罪の共同正犯を認めています。

3 自殺関与罪，同意殺人罪

> 202条　人を教唆し若しくは幇助して自殺させ，又は人をその嘱託を受け若しくはその承諾を得て殺した者は，6月以上7年以下の懲役又は禁錮に処する。

　自殺そのものが刑法上不可罰であることは既に説明したとおりですが、他人の自殺に関与する行為及び嘱託又は同意を得たとしても他人を殺害する行為は看過できない行為として、本条に独立した規定が設けられています。前段の罪は「自殺教唆罪」「自殺幇助罪」ですが、これをまとめて「自殺関与罪」とも呼び、後段の罪は「嘱託殺人罪」「承諾殺人罪」ですが、これをまとめて「同意殺人罪」とも呼んでいます。

①　自殺関与罪

　本罪の客体は、行為者以外の自然人であり、少なくとも自殺の意味を理解し、自由に意思決定をすることができる程度の能力を有している者となります。幼児や心神喪失者は、本罪の客体にはなりません。

　本罪の行為は、教唆又は幇助して自殺させることですが、教唆・幇助の手段や方法に制限はありません。ただ相手を威迫したり、相手を欺く方法によって自殺させる場合には、自殺者が意思決定の自由を失っているかどうかによって判断すべきです。例えば不倫関係を清算するため実際には追死する意思がないのに一緒に死ぬことをもちかけて、先に毒薬を渡して相手を自殺させたような場合には、本罪ではなく殺人罪が成立すると解されます。

②　同意殺人罪

　本罪の客体は、自殺関与罪と同様であり、本罪の行為は、嘱託を受け又は承諾を得て殺すことです。嘱託・承諾の有無については、是非弁識能力のある被殺者の自由かつ真実の意思が事前（実行の着手前）に行われていることが必要不可欠です。是非弁識能力のない精神病者から嘱託された場合や、一時の戯れで真実と認められない病者の嘱託によって殺害した場合などは、本罪

ではなく殺人罪が成立すると解されます。

本罪の故意は，行為者が被殺者から嘱託又は承諾があったことを認識した上で，殺意をもって殺害するという認識認容が必要です。

刑法総論の学習事項❿
―構成要件的錯誤（同意殺人罪）―

例えば，長期療養中の被害者が生きる希望を失い，一時の戯れ言で殺して欲しいとタオルを出して懇願したところ，周囲の状況からこれを真に受けた行為者がそのタオルで被害者を絞殺した場合，行為者の構成要件的故意は同意殺人ですが，現実に発生した事実は真実の同意でなかったため殺人に当たるので，抽象的事実の錯誤として法定的符合説により，構成要件的に重なり合う限度で故意犯の成立を認め，同意殺人罪が成立するものと解します。もちろん未必的であっても真実の嘱託でないと知っていたなら，行為者には殺人の故意が認められ殺人罪が成立することになります。

---

4 未遂罪の処罰規定

203条　第199条及び前条の罪の未遂は，罰する。

殺人罪，自殺関与罪・同意殺人罪は未遂罪も処罰されます。

なお殺人の故意で発砲し重傷を負わせたものの死亡するに至らしめなかったときは，傷害という結果は発生していますが，構成要件的結果（構成要件的故意に基づく結果）は発生していませんから，当然のことながら傷害罪ではなく殺人未遂罪が成立することになります。

未遂罪は，構成要件的故意に基づく実行の着手があったことを前提として，結果不発生のときに成立しますから，実行の着手がなかった場合は未遂罪すら成立しません。

刑法総論の学習事項⓫
―未遂罪の成否と中止未遂（殺人罪）―

未遂罪は，「犯罪の実行に着手してこれを遂げなかった者は，その刑を減軽することができる。ただし，自己の意思により犯罪を中止したときは，

その刑を減軽し，又は免除する。」(43条)と定められており，「未遂を罰する場合は，各本条で定める」(44条)とされています。したがって，殺人の故意をもっていてもその実行行為に着手しなければ，殺人罪はもとより殺人未遂罪も成立しません。例えば，狩猟仲間と一緒に猟銃の手入れをしていたところ弾が暴発して仲間が死亡した場合や，傷害の故意で相手を殴ったところその場に倒れた相手が打ち所悪く死亡してしまった場合は，いずれも殺人の故意がなく，過失か又は暴行・傷害の故意しかないので殺人の実行行為とは認められず，殺人未遂罪は成立しません。

　実行行為と認められる実行に着手し，これを遂げなかった場合が未遂罪であり，自己の意思により犯罪を中止したときが刑の必要的減免を定めた「中止未遂」，それ以外が刑の任意的減軽を定めた「障害未遂」となります。

　中止未遂の成立要件としては，「中止の任意性」と「中止行為」があり，中止行為には結果発生阻止のための真摯な努力と構成要件的結果の不発生が挙げられます。中止の任意性については諸説が展開されていますが，「限定的主観説」又は「折衷説」を採って判断するのが相当であると思います。例えば，自分を裏切った女子を殺害する目的で住居に侵入し，被害者にナイフを突きつけて刺し殺そうとしたところ，隣室から若い男の声が聞こえたので捕まってはまずいと思って逃走した場合は障害未遂ですが，刺し殺そうとした際に許しを請う女子の表情を見て憐憫の情を催し自発的に刺すのを止めて逃走した場合は中止未遂となります。刺してしまったが少量の流血を見て中止し死の結果が発生しなかった場合も，真摯な努力で結果発生の防止に努めれば中止未遂になりますが，流血状態に驚愕して中止しそのまま放置した場合は障害未遂に問われることになります。

刑法総論の学習事項⓬
―不能犯（殺人罪）―

　不能犯とは，行為者がいくら犯罪実行の意思を有していても，その行為に犯罪実現の現実的危険性がほとんど認められないため実行の着手とはならず，未遂罪にも該当しない形態のものを言います。例えば，殺人のために用意していたけん銃から事前に弾が抜かれていたのにそれに気が付かないまま，そのけん銃を発砲して人を殺そうとした場合，不能犯に関する

> 「主観説」によれば殺人未遂罪になりますし、「客観的危険説」によれば、相対的不能か絶対的不能かに分けて相対的不能なら未遂罪、絶対的不能なら不能犯と解されます。判例の立場の「具体的危険説」によれば、その行為には犯罪実現の具体的危険があったと認められるので不能犯ではなく殺人未遂罪が成立することになります。

③ 傷害の罪（第27章）

　傷害の罪は、204条から順次、傷害罪、傷害致死罪、現場助勢罪、暴行罪、危険運転致死傷罪、凶器準備集合罪・凶器準備結集罪が規定されていますが、理解の便宜のため、保護法益である「人の身体」への侵害の程度が軽い暴行罪から説明することにします。なお危険運転致死傷罪は、それまで一般的には過失犯とされていた自動車運転による死傷事故であっても、死傷事故発生の危険性が大きな行為の類型を故意犯として処罰することにし、平成13年に新設されたものです。

1 暴行罪

208条　暴行を加えた者が人を傷害するに至らなかったときは、2年以下の懲役若しくは30万円以下の罰金又は拘留若しくは科料に処する。

①　行為及び暴行の概念

　本罪の行為は、人に暴行を加えることです。ただ暴行の文言は、刑法上種々使われており、その概念については一般的に次の4種類に分類されています。

- a　最広義の暴行　騒乱罪（106条）、多衆不解散罪（107条）等における暴行であって、暴行とは有形力の行使の全てであり、その対象は人であっても物であってもかまわないというもの
- b　広義の暴行　公務執行妨害罪（95条）、加重逃走罪（98条）、強要罪（223条）等における暴行であって、暴行とは人に対する有形力の行使であり、直接に有

形力を加える直接暴行に限らず，物理的・心理的に圧力を加えるような物に対する有形力の行使（間接暴行）も含まれるというもの
　c　狭義の暴行　暴行罪（208条）の暴行であり，暴行とは人の「身体」に対する有形力の行使であるというもの
　d　最狭義の暴行　強盗罪（236条），事後強盗罪（238条），強姦罪（177条），強制わいせつ罪（176条）等における暴行であって，暴行とは人の反抗を抑圧するか，又は著しく困難にする程度の強い有形力の行使であるというもの

　本罪（暴行罪）における暴行行為は，前記のとおり狭義の暴行として理解しますので，人の身体に対して有形力を行使することとなりますが，人の身体に向けられたものであれば足り，人の身体に直接接触することは要せず，必ずしも傷害の結果を生じさせるものに限りません。例えば，典型的な暴行は，殴る，蹴る，突く，押す，投げ飛ばす等ですが，通行人の数歩手前に向けて石を投げつければ命中しなくても暴行になりますし，室内で相手に向かって包丁を振り回せば当たらなくても暴行になります。また，逃げる相手に対して凶器を持ちながら追い掛ける気勢を示す行為や人の乗っている自動車の窓ガラスを破損する行為も暴行罪になると解されます。更にこのような物理的作用に限らず，エネルギー（音響，電気，光，熱）の作用による有形力の行使，例えば，人の身辺で殊更大きな音を響かせる行為も暴行罪になると解されています。

　②　暴行罪の形態
　暴行罪は，暴行を加えた相手が傷害を負うに至らなかった場合に成立しますから，暴行の故意で暴行を加え，傷害の結果が発生しなかった「暴行罪の既遂形態の暴行罪」と，傷害の故意をもって暴行を加えたものの傷害の結果が発生しなかった「傷害罪の未遂形態の暴行罪」とがあります。ただ，暴行の故意であろうと傷害の故意であろうと，傷害の結果が発生した場合には，傷害罪となり，暴行罪は成立しません。

　③　他罪との関係
　暴行が構成要件要素となっている犯罪は，別個に暴行罪は成立せずその犯罪に吸収されることになります。例えば，暴行を加えて公務の執行を妨害した場合は公務執行妨害罪のみ，暴行を加えて強盗した場合は強盗罪のみ，暴

行を加えて強姦した場合は強姦罪のみが成立することになるのです。

暴行罪と脅迫罪については，それぞれの罪が独立した意味を持っているか否かで両罪の成否を判断すべきものと思われます。例えば，身体に危害を加える旨告知して相手を脅した上で，後日出会ったときに顔面を殴打した場合には，脅迫罪と暴行罪が成立すると思われますが，相手に対して，殺意もないのに「この野郎，殺してやる」と脅迫した上，殴打した場合のような例では，暴行罪が成立するのみで脅迫罪は成立しないと解されます。

2 傷害罪

204条　人の身体を傷害した者は，15年以下の懲役又は50万円以下の罰金に処する。

① 行　為

本罪の行為は，人を傷害することです。ここで言う傷害の意義に関しては

a　生理機能障害説　人の生理状態に障害を与えること又は健康状態を不良にすること
b　完全性侵害説　人の身体の完全性を害すること又は身体の外貌に重要な変化を加えること

に大別されますが，判例の趣旨を敷衍すれば，第一次的には生理機能障害説を採りつつも，生理機能の障害はある程度持続的な障害を意味するものであって日常生活で一般に看過される軽微なものは除くとした上，第二次的には完全性侵害説を加味し，日常生活に重大な支障を生ずるような外的障害があった場合には傷害罪の成立を認めるとするのが相当と思います。

例えば，治療を要する打撲傷・擦過傷を負わせた場合，処女膜裂傷を負わせた場合，病菌を感染させた場合，打撲痕がない胸部の継続的疼痛を生じさせた場合，毛髪全部を切断して丸坊主にした場合などは，傷害罪が成立すると積極に解されます。いわゆるPTSD（心的外傷後ストレス症候群）の発症が傷害に当たるか否かは微妙ですが，一般的には肯定した上で，通常犯罪の被害を受けた場合は多少なりともストレスを生ずることが普通なので，その程度により否定する例もないとは言えません。例えば，強盗罪や強姦罪の被害者

は被害を受けたことにより当然ストレスを生じますが，この場合に全て強盗致傷罪や強姦致傷罪が成立することにはならないと思います。

ところで，傷害行為の態様としては，典型的な暴行を手段とする場合と，それ以外の方法による場合とがありますが，未遂に終わった場合に罪の成立に違いを生ずることがあります。例えば前者の例で，傷害を与える目的で人の顔面を殴ったときに相手が怪我をしなかった場合は傷害未遂ですが，構成要件上は暴行罪に問われることになりますし，後者の例で，人を墜落させて傷害を負わせる目的で通行途中の地面に穴を掘って覆いを張りそこへ連行したところ，相手がこれを避けて墜落しなかった場合は，それも傷害未遂ですが暴行罪にはならず，かつ，暴行罪以外に傷害未遂の処罰規定がないので罰せられないことになります。

② 故　意

本罪の故意は，通常の犯罪に従って一般的に言えば，人の身体を傷害することの認識認容となりますが，本罪の特殊性から，暴行の手段による傷害の場合は，傷害の故意までは要せず暴行の故意で足りると解されています。つまり本罪に関しては

a　故意犯説　本罪は故意犯であるから，単なる暴行の故意では足りず，傷害の故意を要するとする見解

b　結果的加重犯説　本罪は故意犯であると同時に暴行罪の結果的加重犯を含むから，暴行の故意があれば足りるとする見解

の両説が対立していますが，判例・通説は結果的加重犯説を採り，傷害罪の形態として「故意犯としての傷害罪」と「暴行罪の結果的加重犯としての傷害罪」の二つがあるとしているのです。当然のことながら判例・通説でも，暴行を手段としない傷害罪の場合は傷害の故意を要するとしています。

③ 違法性・責任

傷害罪の成否に関しては，違法性阻却事由の有無が問題となる例が多く，責任についても検討すべき課題があります。

刑法総論の学習事項❸
―違法性阻却事由(傷害罪)―

例えば，学校の教員が教育上の必要から体罰に当たらない範囲で懲戒を加えた場合，ボクシングの選手がルールに従ってリング上で試合中に相手に傷害を負わせた場合，医師が医療行為の手術に際しメスを入れて流血させた場合などは，「正当行為」として違法性が阻却され，傷害罪は成立しません。

傷害罪の保護法益は個人的法益といっても人の身体ですから，財産犯と違い，「被害者の承諾」があっても必ずしも違法性が阻却されるとは限りません。法秩序全体からその承諾が公序良俗に反していないかどうか，また行為者の行為に相当性があるかどうかを，諸般の事情から総合して判断すべきです。例えば，保険金目当てで自動車事故を装うため，あらかじめ承諾した被害者に自動車を衝突させ怪我を負わせた場合，被害者の承諾があっても違法性は阻却されません。

緊急行為として傷害罪の「正当防衛」が問題になる事例，例えば，深夜通行中に対面から歩行してきた相手がいきなり殴りかかってきた際，殴り返して傷害を負わせた場合は「正当防衛」として違法性が阻却されて罰せられませんし，素手で殴られたのに対してナイフで応じて怪我をさせた場合でも，通常は「過剰防衛」として刑が任意的に減免されます。仮に相手が殴りかかってきたのではなく泥酔していて自分の方に倒れかかってきたのを殴られるものと誤信して相手を殴り傷害を負わせた場合には「誤想防衛」となりますが，この場合は違法性に関する事実の錯誤として故意が阻却され，傷害罪は成立しないと解されることになります。このときに防衛行為が過剰であったとしたら一般的には「誤想過剰防衛」として傷害罪の成立を認めた上で刑を任意的に減免することになると思います。

刑法総論の学習事項❹
―原因において自由な行為(傷害罪)―

行為と責任能力は同時に存在しなければならないというのが原則ですが，これを貫くと不合理な結論になることがあります。

例えば自分を蔑む相手に対し日頃の恨みを晴らすため，暴力を振るおうと決心したものの酒の力を借りなければ激しい暴行を繰り返すことができないと考え，相手を自宅に呼んで一緒に酒を飲み始め二時間ほど経過して酩酊した後，ようやく相手を多数回殴打して傷害を負わせた場合において，殴打したとき（「結果行為」のとき）に心神喪失又は心神耗弱であったとしたら，条文上（39条）罰せられないか，刑が減軽されるかしてしまいますが，この結論は素朴な法感情から到底納得できない判断です。そこで判例・通説は，犯人の一連の行動を総合的に観察し，自分を心神喪失等の状態に陥らせるための飲酒開始時点を「原因行為」としてとらえ，その時点に完全な責任能力があったならば「原因において自由な行為」の法理により，完全責任能力者として責任を認め，傷害罪が成立するとしているのです。

3　傷害致死罪

205条　身体を傷害し，よって人を死亡させた者は，3年以上の有期懲役に処する。

①　結果的加重犯

　本罪の形態には，傷害罪の二つの形態に従って，一つは傷害の故意で人を傷害したところ，その傷害から死亡の結果が発生したという通則的な結果的加重犯，もう一つは暴行の故意で結果的に傷害を負わせ，さらにその傷害から死亡の結果を発生させたという二重の結果的加重犯の形態があります。

　本罪は，いずれの形態でも典型的な結果的加重犯であり，傷害によって人の死亡という結果の発生することが必要ですが，故意の内容としては，少なくとも暴行の故意があれば足りますし，死の結果についての予見は不要と解されています。仮に死の結果について予見し認識認容していれば，それは結果的加重犯の問題ではなく，構成要件的故意に基づく殺人罪となります。

②　因果関係

　本罪が成立するためには，暴行等の傷害行為と死亡との間に因果関係があることが必要です。

刑法総論の学習事項⓯
—因果関係（傷害致死罪）—

　因果関係に関しては，殺人罪のところで説明したように条件説，或いは折衷的相当因果関係説の立場でその有無を判断するのが一般的です。例えば，傷害を負った被害者が身体衰弱のため死亡した場合や余病を併発して死亡した場合，心臓に重篤な障害を負っていた被害者が暴行によって心筋梗塞を起こして死亡した場合，頸部を扼圧された特異体質の被害者がショック死した場合，傷害の犯人が被害者の容態を見て死亡したと誤信し水中に投じて水死させた場合などは，優に因果関係を肯定することができます。さらに，暴行を避けようとした被害者が自ら水中に飛び込んで溺死した場合や，危難を避けて逃げる途中で橋から墜落して死亡した場合なども，判例は因果関係を積極的に認定して傷害致死罪を認める傾向にあると言って差し支えありません。

4　現場助勢罪

> 206条　前2条の犯罪が行われるに当たり，現場において勢いを助けた者は，自ら人を傷害しなくても，1年以下の懲役又は10万円以下の罰金若しくは過料に処する。

　本罪は，傷害罪又は傷害致死罪が行われる現場で，勢いを助ける行為を行うことによって成立します。勢いを助けるとは行為者を煽動してその気勢を高めることを言いますから，一方の側（特定の行為者）を支援して加担する場合は，その者の幇助犯となって本罪は成立しません。本罪は自ら人を傷害せず，群集心理に基づく野次馬的行為を処罰するとしたものですから，法定刑も軽く定められているのです。

5　同時傷害の特例

> 207条　二人以上で暴行を加えて人を傷害した場合において，それぞれの暴行による傷害の軽重を知ることができず，又はその傷害を生じさせた者を知ることができないときは，共同して実行した者でなくても，共犯の例による。

① 意義と要件

本条が，同時傷害の特例と呼ばれるものであり，処罰に関する特例の規定ですから，「同時傷害罪」という特殊な罪の構成要件を定めたものではありません。「傷害罪の共同正犯」として処罰される旨の特例を定めただけなのです。本条は，複数の行為者間の意思疎通や傷害の因果関係の立証が通常困難なことから，その立証の困難性を救済し訴追を受けた側に立証責任を転換するとともに，意思疎通の擬制を認めて共犯成立の範囲を拡張する規定です。条文上，次の要件が本条適用の条件とされています。

・二人以上の者の暴行に場所的・時間的近接性があること（同時犯と認められる状況）
・暴行の行為者間に意思の連絡がないこと（意思の連絡があれば本条を待たずに傷害の共同正犯成立）
・それぞれの暴行による傷害の軽重，又は障害を生じさせた者が不明なこと（判明すれば，反証により本条の適用排除）

② 適用範囲

本条は，刑法の責任主義の原則からすると，あくまでも特例ですから，適用範囲は厳格に解さなければならないとされています。ただ判例は，犯罪の類型上，傷害の現場で傷害致死の結果が生ずることは通常予想される範囲内のものであるとして，二人以上の者の暴行によって傷害の結果が発生し，さらに傷害致死の結果が生じた場合にも本条を適用し，傷害致死罪が成立するとしています。

しかしながら，同じ結果的加重犯であっても強姦致傷罪，強盗致傷罪は通常暴行から予想される結果の範囲を超えていますので，今のところ本条の適用を認めた例はありません。

6 危険運転致死傷罪

208条の2 ① アルコール又は薬物の影響により正常な運転が困難な状態で自動車を走行させ，よって，人を負傷させた者は15年以下の懲役に処し，人を死亡させた者は1年以上の有期懲役に処する。その進行を制御することが困難な高速度で，又はその進行を制御する技術を有しないで自動車を走行させ，よって人を死傷させた者も，同様とする。

② 人又は車の通行を妨害する目的で，走行中の自動車の直前に進入し，その他通行中の人又は車に著しく接近し，かつ，重大な交通の危険を生じさせる速度で自動車を運転し，よって人を死傷させた者も，前項と同様とする。赤色信号又はこれに相当する信号を殊更に無視し，かつ，重大な交通の危険を生じさせる速度で自動車を運転し，よって人を死傷させた者も，同様とする。

本罪の保護法益は，第一次的には人の生命・身体ですが，第二次的に交通の安全という公共的側面も加わります。本罪の行為は，「危険運転行為」と呼ばれており，重大な交通事故の実態を踏まえ故意犯となる行為を類型化して構成要件に掲げた自動車の走行又は自動車の運転のことを言います。

・1項前段は，例えば飲酒酩酊し，的確なハンドル操作やブレーキ操作ができない状態で自動車を走行させて死傷事故を起こすような場合です。
・1項後段は，例えば最高速度の制限を大幅にオーバーして自動車を走行させカーブを曲がりきれずに死傷事故を起こすような場合や，無免許で運転技術が不足しているのに自動車を走行させて対向車線に進入するなどして死傷事故を起こすような場合です。
・2項前段は，「人又は車の通行を妨害する目的」を有する目的犯であり，例えばその目的をもって高速度で自動車を運転し，いわゆる幅寄せやあおり行為を行って死傷事故を起こすような場合です。
・2項後段は，例えば赤色信号の表示を一切意に介さず，重大な交通事故等の危険を生ずる速度で自動車を運転し，赤色信号を無視して交差点内に進入し相手車両に衝突させて死傷事故を起こすような場合です。

それぞれ構成要件が極めて厳格に定められていますので，多数の死傷者を出した重大な交通事故でも，本罪の適用が見送られることが少なくありません。例えば1項前段の「正常な運転が困難な状態」とは，「正常な運転ができないおそれのある状態」とは異なり，正常な運転ができない可能性がある状態では足りず，道路及び交通の状況に応じた運転操作を行うことが困難な心身の状態を言います。すなわち現実に意図したとおりの運転操作を行うことが不可能に近い状態と解されますので，酒酔い運転で精神を集中できずに脇見運転をしたという程度では本罪の成立は消極にも解されかねません。例えば，酒酔い運転で前方注視が困難になり，前方に停車中の車両に追突して

5人の死傷者を出したというケースでも，第一審で本罪の成立が否定され，第二審で本罪の成立が認められた事例があります。

ちなみに，道路交通法違反の「酒酔い運転」の罰則規定では，本罪と異なり，酒に酔った状態を「アルコールの影響により正常な運転ができないおそれのある状態をいう。」と定義し，5年以下の懲役又は100万円以下の罰金に処するとしています（道路交通法117条の2第1号）。

本罪は故意犯であり，本罪が成立する場合は過失犯の自動車運転過失致死傷罪は成立しません。また本罪が構成要件に取り込んでいる酒酔い，速度違反，無免許，信号無視等の道路交通法違反の罪は本罪に吸収され別罪を構成しません。

なお，危険運転致死罪は法定刑が「1年以上の有期懲役」ですから，地裁合議事件であり，故意の犯罪行為により被害者を死亡させた罪として，裁判員裁判の対象事件となります。

7 凶器準備集合罪，凶器準備結集罪

208条の3　① 二人以上の者が他人の生命，身体又は財産に対し共同して害を加える目的で集合した場合において，凶器を準備して又はその準備があることを知って集合した者は，2年以下の懲役又は30万円以下の罰金に処する。
② 前項の場合において，凶器を準備して又はその準備があることを知って人を集合させた者は，3年以下の懲役に処する。

1項が凶器準備集合罪，2項が凶器準備結集罪の規定です。暴力団対策の一環として定められたものであり，2項の結集罪の主体の方が重く処罰されるのは，犯行の主導的役割を担っているからです。本罪は，構成要件的状況として犯罪成立の前提となる状況，すなわち共同加害目的を有する集団の存在が必要です。ただこの目的は，積極的・能動的なものに限らず，相手方が襲撃してきたときに迎撃するという条件付きであっても，消極的・受動的なものであってもかまいません。

本罪の「凶器」とは，人の身体を殺傷すべき特性を有する一切の器具を言い，性質上の凶器（銃砲，刀剣類）のみならず，用法上の凶器，すなわち本来の用法は殺傷に使われるものでなくても用途によっては人を殺傷し得る器具

（鎌，包丁，丸太，角棒，竹竿，コンクリート塊，石塊，コーラ等の空き瓶）も含まれると解されます。集団の状況や行為者の主観的要素及び当該物件使用の客観的状況等の諸事情を総合的に判断して，凶器か否かを判断すればいいのです。

4 過失傷害の罪（第28章）

　過失傷害の罪は，過失行為に基づいて他人の生命・身体を侵害する犯罪であり，過失の態様によって，単純過失，業務上過失，重過失，自動車運転過失の類型に分かれます。

1 過失傷害罪

209条　① 過失により人を傷害した者は，30万円以下の罰金又は過料に処する。
　　　　② 前項の罪は，告訴がなければ公訴を提起することができない。

　本罪は，過失によって人を傷害したことによって成立します。
　過失とは，「犯罪事実の認識がないまま，又は認識があっても認容がないまま，不注意によって一定の作為・不作為を行うこと」であり，この過失を構成要件にしているのが「過失犯」です。刑法は故意犯処罰の原則を定め，過失犯は特別の規定がある場合に限って処罰するものとしています（38条1項）。そして過失犯の構成要件は，単に「過失により」と定められているだけですから，学説及び判例や実務の積み重ねによって，過失や過失犯の内容が補充され明確になっていくことになります（これを「開かれた構成要件」と呼んでいます。）。
　過失犯とは，注意義務に違反する「不注意」によって一定の作為・不作為をし，結果を発生させ，その間に因果関係が認められるものを言いますが，重要なのは注意義務の有無・内容です。「注意義務」とは，具体的な事情の下で結果の発生を予見し（結果予見），その予見に基づいて結果の発生を回避する措置を講ずる（結果回避）義務のことですが，この予見可能性がなかったり，結果回避の可能性がなかったら過失犯は成立しません。それらの可能

性があってこそ注意義務違反,すなわち不注意があったと認定できるのです。例えば突風のため立看板が倒れて通行人に怪我を負わせた場合,突風が予想外のもので予見可能性がなかったなら本罪は成立しませんが,前日から台風の襲来が予想され,立看板の設置方法について注意を促されていたにもかかわらず何らの措置も講じなかったときには注意義務違反があるとして本罪の成立を認めることになるのです。

本罪は一般的には軽微な犯罪として,2項で親告罪とされています。親告罪については,強姦罪の項(41頁)で詳しく説明します。

2 過失致死罪

210条　過失により人を死亡させた者は,50万円以下の罰金に処する。

本罪は,結果が傷害にとどまらず死に至ったことによって成立しますが,次の211条に比べて注意義務違反が低いことを考慮し法定刑は罰金刑のみとなっています。したがって本罪の管轄権は簡易裁判所となりますから(裁判所法33条),地方裁判所に起訴した場合は管轄違いの言渡しを受けることになります。

3 業務上過失致死傷罪,重過失致死傷罪,自動車運転過失致死傷罪

211条　① 業務上必要な注意を怠り,よって人を死傷させた者は,5年以下の懲役若しくは禁錮又は100万円以下の罰金に処する。重大な過失により人を死傷させた者も,同様とする。
② 自動車の運転上必要な注意を怠り,よって人を死傷させた者は,7年以下の懲役若しくは禁錮又は100万円以下の罰金に処する。ただし,その傷害が軽いときは,情状により,その刑を免除することができる。

1項前段の規定が業務上過失致死傷罪,1項後段の規定が重過失致死傷罪であり,2項の規定が自動車運転過失致死傷罪の規定です。

① 業務上過失致死傷罪

本罪の主体は,身分犯であり,死傷の結果を招く危険性のある一定の業務に従事する者です。

業務とは,一般に人がその社会生活上の地位に基づき反復継続して従事する仕事を言い,公務であろうと非公務であろうと,営利であろうと非営利で

あろうと，本務であろうと兼務であろうと，主たる事務であろうと従たる事務であろうとかまいません。また業務は適法なものであることを要しません。無免許運転で死傷事故を起こした場合も，無免許の医師が治療行為で致死傷の結果を発生させた場合も，反復継続性が認められる限り，業務となります。

② 重過失致死傷罪

本罪の行為は，「重大な過失」により人を死傷させることです。重大な過失とは，行為者の注意義務に違反した程度が著しく大きい場合を意味し，一般的には人の身体に対する具体的危険が生ずる可能性が高いときの過失，僅かな注意を払えば結果の発生を回避できたときの過失などがこれに当たります。例えば，自転車に乗って歩道上を走行中スピードを出しすぎて歩行者に衝突させ怪我を負わせた場合は，重過失となり重過失致傷罪が成立します。

③ 自動車運転過失致死傷罪

i　本罪の意義と厳罰化

本罪は，業務上過失致死傷罪の中から，特に自動車の運転上の過失を取り上げて別罪としたものです。かって，自動車運転で致死傷事故を起こした場合は通常の業務上過失致死傷罪とされ，旧規定の211条で，5年以下の懲役・禁錮又は100万円以下の罰金とされていましたが，悪質な自動車運転による被害者多数の重大な死傷事故が続発したため，平成19年に改正され，法定刑の重い今の規定になったのです。同時期に道路交通法も改正されて酒酔い・酒気帯び等の厳罰化とその幇助的行為の直罰化が図られました。ちなみに

- 酒酔い運転は，5年以下の懲役又は100万円以下の罰金
- 酒気帯び運転は，3年以下の懲役又は50万円以下の罰金
- 救護義務違反（ひき逃げ）は，10年以下の懲役又は100万円以下の罰金
- 酒酔い運転者への車両提供は，5年以下の懲役又は100万円以下の罰金
- 酒気帯び運転者への車両提供は，3年以下の懲役又は50万円以下の罰金
- 酒酔い運転者への酒類提供は，3年以下の懲役又は50万円以下の罰金
- 酒気帯び運転者への酒類提供は，2年以下の懲役又は30万円以下の罰金
- 酒酔い・酒気帯び運転の車両同乗者は，酒類提供の場合と同様

と定められており，悪質な交通事犯の徹底的な取締りが図られているのです。

これら道路交通法違反の罪と本罪の自動車運転過失致死傷罪とは，併合罪になると解されています。

　ⅱ　刑の裁量及び信頼の原則

　一方，自動車の社会的有用性を考慮して軽微な傷害事故にあっては，行為者を寛大に処分する方向性も検討され，本条2項但書により，致傷事故であって傷害が軽いときには，情状によりその刑を免除することができるとされています。

　また自動車の有用性・公共性等から，判例の積み重ねにより「信頼の原則」が確立し，自動車の運転手に適用されるようになっています。信頼の原則とは，他人が予期された適切な行動に出ることを信頼するのが相当な場合，たとい他人の行動と自分の行動とがあいまって法益侵害の結果を生じさせたとしても，過失責任は問われないとする原則です。例えば，青色信号で交差点に進入した際，赤色信号を無視して交差道路から交差点に進入した車に衝突し，その車の運転者らに致死傷の結果を生じさせたとしても，信頼の原則が適用されれば，本罪には問われないことになるのです。

　ⅲ　略式手続

　現実社会において交通事故は多発しており，その裁判も必然的に多くなっていますが，公開の法廷で直接審理をする「正式裁判」によらないで，100万円以下の罰金又は科料の刑を科する場合には，書類と証拠物により公判前の手続で簡易に処理する「略式手続」（刑事訴訟法461条〜470条）と呼ばれる制度があります。交通事件の大多数はこの手続によって公判手続を経ることなく処理されています。その要件は

- 簡易裁判所の管轄に属する事件で，100万円以下の罰金又は科料を科す事件であること
- 略式手続によることについて，異議がないこと

と定められており，問題がなければ簡易裁判所の略式命令によって迅速・円滑に刑が科せられます。

5 堕胎の罪（第29章）

　堕胎の罪は，自然の分娩期に先立って人為的に胎児を母体から分離・排出させる犯罪であり，保護法益は胎児の生命・身体とともに，堕胎の攻撃が母体に対するものであることから妊婦の生命・身体も保護法益とされており，妊婦の承諾・嘱託の有無により刑の軽重が違っています。

　なお，堕胎の罪に関しては，母体保護法で母性保護の観点から人工妊娠中絶手術が認められており，妊娠の継続又は分娩が身体的又は経済的理由により母体の健康を著しく害するおそれのある場合は，指定医師により本人及び配偶者の同意を得て手術を行うことができると定められているので（同法14条），違法性が阻却されます。この規定は，配偶者が不明又は意思表示をすることができないときは本人の同意だけでも足りるとしていますので，堕胎の罪は妊婦が不同意の場合を除き，実際上その処罰例はほとんどありません。

1 堕胎罪

> 212条　妊娠中の女子が薬物を用い，又はその他の方法により，堕胎したときは，1年以下の懲役に処する。

　本罪の行為は，薬物を用い又はその他の方法で堕胎することです。堕胎は，分娩前に胎児を人為的に母体から排出させることが典型例ですが，胎児を母体内で殺害することも堕胎に当たります。また堕胎は妊婦自身が行おうと他人に行わせようとかまいません。他人との間では共犯になることが多く，その場合妊婦は本罪に当たりますが，他人は213条，もしその他人が医師であったら214条に当たると解されます。

2 同意堕胎罪，同意堕胎致死傷罪

> 213条　女子の嘱託を受け，又はその承諾を得て堕胎させた者は，2年以下の懲役に処する。よって女子を死傷させた者は，3月以上5年以下の懲役に処する。

　本罪は，次の214条の身分を有しない者が，妊婦の同意を得て堕胎させる

ことで成立しますが，医師の治療行為という適法な行為を利用しての間接正犯の形態もあります。

後段の女子に対する死傷罪は，結果的加重犯であり，堕胎行為による結果であることが必要ですが，堕胎行為そのものの未遂・既遂は問いません。

3 業務上堕胎罪，業務上堕胎致死傷罪

> 214条 医師，助産師，薬剤師又は医薬品販売業者が女子の嘱託を受け，又はその承諾を得て堕胎させたときは，3月以上5年以下の懲役に処する。よって女子を死傷させたときは，6月以上7年以下の懲役に処する。

本罪の主体は，その業務が公的性格を有し，堕胎を犯す危険性が高い一定の者に限定された身分犯です。

4 不同意堕胎罪

> 215条 ① 女子の嘱託を受けないで，又はその承諾を得ないで堕胎させた者は，6月以上7年以下の懲役に処する。
> ② 前項の罪の未遂は，罰する。

本罪の主体については制限がありません。堕胎のほかに妊婦に対する傷害行為という面があるので刑が重くなっており，未遂罪も処罰されます。

5 不同意堕胎致死傷罪

> 216条 前条の罪を犯し，よって女子を死傷させた者は，傷害の罪と比較して，重い刑により処断する。

本罪は，結果的加重犯ですから不同意堕胎罪の既遂・未遂を問わず，堕胎行為で女子に死傷の結果を生じさせれば犯罪が成立します。

処罰については，「傷害の罪と比較して」とされており，上限も下限も重い法定刑によりますので，不同意堕胎致傷罪は6月以上15年以下の懲役，不同意堕胎致死罪は3年以上の有期懲役という範囲内で処断されることになります。したがって不同意堕胎致死罪は，短期1年以上の罪に係る事件で故意の犯罪行為により被害者を死亡させた罪として，裁判員裁判の対象事件とされます。

6 遺棄の罪（第30章）

遺棄の罪は，扶助を要する者を保護されない状態に置いて，その生命・身体に危険を及ぼすことを内容とする犯罪であり，基本犯として遺棄罪（単純遺棄罪とも言います。），加重類型として保護責任者遺棄罪，結果的加重犯として遺棄等致死傷罪があります。

遺棄罪の保護法益は，扶助すべき者を扶助しないという反道義的行為の一面から一種の社会的法益とも考えられますが，主たる保護法益は人の生命・身体に対する危険犯であって，抽象的危険犯か具体的危険犯かの争いはありますが，判例は前者を採り，抽象的危険の発生で足り現実に生命・身体に対する危険を発生させることまでは要しないとしています。

「遺棄」については，狭義と広義の意味があり

- a 狭義の遺棄　被遺棄者を従来の場所から生命・身体に危険を及ぼすような場所に移転させるいわゆる「移置」を意味する遺棄
- b 広義の遺棄　移置のほか，被遺棄者を生命・身体に危険を及ぼすような場所にそのまま放置して立ち去るいわゆる「置き去り」及び被遺棄者の保護状態への接近を遮断又は困難にさせる行為も含む遺棄

と定義され，単純遺棄罪の遺棄は狭義，保護責任者遺棄罪の遺棄は広義の意味と解しています。

1 遺棄罪

217条　老年，幼年，身体障害又は疾病のために扶助を必要とする者を遺棄した者は，1年以下の懲役に処する。

本罪の主体は，次条の保護責任者に当たる者以外であるというほか，制限がありません。本罪の客体は，扶助を要する者（要扶助者）であって，精神的・肉体的欠陥等により他人の扶助を待たなければ自ら日常生活を営む動作をすることができない者です。例えば，嬰児，ひ弱で発達の遅れた幼児，病気で身体が衰弱し小屋に寝臥している者，交通事故で重傷を負わされて歩行

が困難となった者などは，要扶助者と認められます。

本罪の行為は，前記のとおり狭義の遺棄です。

2 保護責任者遺棄罪，保護責任者不保護罪

> 218条　老年者，幼年者，身体障害者又は病者を保護する責任のある者がこれらの者を遺棄し，又はその生存に必要な保護をしなかったときは，3月以上5年以下の懲役に処する。

前段が保護責任者遺棄罪，後段が保護責任者不保護罪となりますが，後段の罪は不作為を構成要件要素としているいわゆる「真正不作為犯」です。

本罪の主体は，身分犯であり，保護を要する者（要保護者）を保護すべき責任のある者です。単純遺棄罪の加重類型ですから「不真正身分犯」となります。保護義務の根拠は，法令・契約・事務管理・慣習・条理の如何を問わず，公法上のものでも私法上のものでもかまいません。条理による保護義務は具体的事情に即して法の精神に則って判断すべきであり，自分が持ち込んだ覚せい剤を注射するなどして中毒症状に陥った者に対しては条理による救護義務（先行行為による責任）があると解されます。

本罪の客体は，前条と同様ですが，本罪の行為は，前段と後段に分かれ，前段は「遺棄すること」，後段は「生存に必要な行為をしないこと」です。前段の「遺棄」は，前記のとおり広義の遺棄です。したがって，例えば，老親を山中に運んで捨てる場合，乳児を一人残して母親が家出し置き去りにする場合，同居していた病身の子供を家の外に出して，寒気で降雪中にもかかわらず玄関を閉じて中に入れない場合などは，いずれも本罪の遺棄に当たります。後段の「生存に必要な行為」をしないこととは，幼児や起居・動作の不自由な老親を看護せず適当な食事も与えない場合のように，保護責任を尽くさないことを言います。

刑法総論の学習事項⓰
―共犯と身分（保護責任者遺棄罪）―

行為者が一定の身分を有していることが構成要件になっている犯罪が真正身分犯，身分があることにより，通常の犯罪の刑が加重されるのが不真正身分犯です。

> 例えば，幼児を抱えた一人暮らしの母親が生活苦のためその幼児の措置に困って友人に相談したところ，その友人が同情して幼児を遺棄することを共謀し，二人で山中に行って幼児を捨てて帰宅した場合，保護責任のある者とない者との共犯となりますが，不真正身分犯の共犯ですから，判例の立場によれば65条2項により，母親には保護責任者遺棄罪，友人には単純遺棄罪の共同正犯が成立することになります。

3 遺棄致死傷罪，保護責任者遺棄致死傷罪

> 219条　前2条の罪を犯し，よって人を死傷させた者は，傷害の罪と比較して，重い刑により処断する。

　本罪は，単純遺棄罪，保護責任者遺棄罪・不保護罪の結果的加重犯です。行為と結果との間に因果関係が必要ですが，遺棄・不保護という行為があったために死傷の結果が生じたと合理的に判断できれば，因果関係は肯定されます。例えば，友人を誘って一緒に自分の所持する麻薬を施用したところ友人の身体が急変して中毒症状となった際，これを放置して死亡させてしまった場合には，先ず保護責任があるかどうかの判断が先行しますが，条理によって保護責任を認めた上で，次に死亡との因果関係を検討することになります。いくら手を尽くしても中毒症状による死亡の結果を避けることができなかった場合や直ちに119番通報して救急病院に搬送したとしても既に手遅れで死亡の結果を避けることができなかった場合などは，放置という遺棄行為と死亡との間に因果関係を認めることが困難ですから，致死の責任は否定されますが，直ちに病院に搬送していたなら救命が可能であったと認められる事案で，適切な対応措置を講ぜず119番通報も遅れたため救急車の到着が遅れた場合なら不保護と致死との間に因果関係が認められ，保護責任者遺棄致死罪が成立するものと思います。

　本罪の処罰も，不同意堕胎致死傷と同様に「傷害の罪と比較して」とあるので，致死の結果が生じた場合は，裁判員裁判の対象事件となります。

第1編　個人的法益に対する罪

第2章　自由を害する罪

1　序　論

　個人的法益に対する罪の範疇に，自由を害する罪として第31章から第33章までに，逮捕及び監禁の罪，脅迫の罪，略取・誘拐及び人身売買の罪が規定されていますが，このほか第22章のわいせつ，姦淫及び重婚の罪の中にも，その本質が個人の性的自由を害する罪に当たるものとして「強制わいせつ及び強姦の罪」があります。第22章は，刑法の条文上の体系では，公の風俗を害する社会的法益に対する罪として位置づけられていますが，これは他の公然わいせつ罪などと同様に性的風俗を害する罪の一面があるからです。しかし強制わいせつ罪や強姦罪は，犯罪の手段として暴行，脅迫が行われ，個人の性的自由を侵害するところにその本質があると考えられますので，自由を害する罪の一つとして本章で説明することにします。

2　強制わいせつ及び強姦の罪（第22章）

1　強制わいせつ罪

176条　13歳以上の男女に対し，暴行又は脅迫を用いてわいせつな行為をした者は，6月以上10年以下の懲役に処する。13歳未満の男女に対し，わいせつな行為をした者も，同様とする。

　本罪の客体は，177条の強姦罪と異なり，「男女」であって，「女子」に限りません。
　本罪の行為は，13歳以上の男女に対しては暴行・脅迫を手段として，13歳未満の男女に対しては手段の如何を問わず，「わいせつな行為」をすること

です。177条の強姦罪との違いは，客体の「男女」と「女子」のほか，行為では，「わいせつな行為」と「姦淫」の点が違うだけですから，被害者が13歳以上の者であるという認識，暴行・脅迫行為，故意等の問題点に関しては，177条の強姦罪のところで説明します。

　本罪のわいせつな行為とは，徒に性欲を興奮又は刺激させ，かつ，普通人の正常な性的羞恥心を害し，善良な性的道徳観念に反するような行為を言います。例えば，相手の感情を無視して乳房を弄ぶ，陰部に手を触れる，強引にキスをするという行為は，わいせつな行為に当たります。なお，暴行を用いてわいせつな行為をするという例では，暴行それ自体がわいせつな行為であっても本罪は成立します。いきなり，女性の意思に反して陰部に指を挿入する行為は，それ自体で強制わいせつ罪に該当するのです。

　ところで，本罪はいわゆる「傾向犯」ですから，行為者に性的意図（構成要件要素としての主観的傾向）がなければ，本罪は成立しません。例えば，女性を脅迫して裸体にした上で撮影した場合でも，専ら女性を虐待するとか報復するとかという目的であったなら，強要罪その他の罪を構成することがあるとしても強制わいせつ罪には当たりません。ただ，性的意図が併存しているならば，本罪の成立を認めることになります。

2 強姦罪

> 177条　暴行又は脅迫を用いて13歳以上の女子を姦淫した者は，強姦の罪とし，3年以上の有期懲役に処する。13歳未満の女子を姦淫した者も，同様とする。

① 主体・客体

　本罪の主体は，姦淫行為の性質上「男子」であり，いわゆる「身分犯」（真正身分犯）の一種ですが，女子も間接正犯，共謀共同正犯の形態で犯罪に関与し，正犯となり得ます。本罪の客体は，「女子」に限ります。

刑法総論の学習事項⓱
―共謀共同正犯，共犯と身分（強姦罪）―

　例えば，犯人の女Aが恋敵の女子Bを恨んで，Bを強姦することを遊び仲間の男数名と共謀し，Bを呼び出して暴行・脅迫を加えて強姦した場合

は，二人以上が現場にいて共同したなら集団強姦罪（178条の2），現場で実行行為を男一人で行ったなら強姦罪が成立しますが，共謀した以上，Aは現場にいようといまいと共同正犯に問われます。姦淫行為はできないとしても現場にいて暴行・脅迫を行えば実行共同正犯ですし，現場にいなくても共謀がある以上共謀共同正犯として処罰されるのです。つまり強姦罪は「男」の身分が犯罪成立に必要な「真正身分犯」ということになりますが，身分のないAであっても共同正犯として関与することができ，この場合は65条1項の適用を受けて女子であるAにも強姦罪が成立することになるのです。

② 行 為

i 本罪の行為は，13歳以上の女子に対しては，暴行・脅迫を用いて「姦淫」し，13歳未満の女子に対しては，手段を問わず「姦淫」することです。姦淫とは，性交のことであり，必ずしも射精を要せず，陰茎を膣内に挿入することによって既遂に達します。

ii 客体が13歳以上の者であることの認識ですが，それは未必的なもので足りると解されています。この年齢に関する認識と暴行・脅迫の有無，被害者の実際の年齢による犯罪の成否に関し，事例別に検討すれば次のようになります。

・13歳以上と認識して暴行・脅迫を用い，13歳以上の女子を姦淫する場合が典型的な本条前段の強姦罪であり，この場合に，暴行・脅迫を用いなければ，姦淫しても本罪は成立しません（いわゆる和姦であり，本条前段の構成要件的故意なし。）。

・13歳以上と認識して暴行・脅迫を用いて姦淫したところ，女子が13歳未満であった場合は，本条の前段・後段の区別をすることなく本罪一罪が成立すると解されています。この場合に，暴行・脅迫を用いないで姦淫したときに，犯罪の成否が問題となります。つまり，13歳以上と認識して暴行・脅迫の手段をとらずに姦淫する意図で（和姦のつもりで），暴行・脅迫なしに姦淫した結果が，現実的には本条後段の強姦罪に当たることになった場合ですから，一般的には構成要件的故意がないと解され，本罪の成立は否定されることになると思われます。

- 13歳未満と認識して暴行・脅迫を用いず，13歳未満の女子を姦淫する場合が本条後段の典型的な強姦罪であり，この場合に，暴行・脅迫を用いたなら，本条前段の強姦罪が成立すると解されます。
- 13歳未満と認識して暴行・脅迫を用いて姦淫したところ，女子が13歳以上であった場合は，本条前段の強姦罪になり，この場合に，暴行・脅迫を用いなければ，姦淫しても本罪は成立しません（後段の構成要件的故意はあっても，暴行・脅迫なしの13歳以上の女子に対する姦淫は，いわゆる和姦として構成要件に該当しません。）。

iii 13歳以上の女子に対する「暴行・脅迫」は，行為者又は共犯者が加えたものでなければならず，第三者の加えた暴行・脅迫を利用して姦淫する場合は，178条の準強姦罪になります。

　ところで，この暴行・脅迫の程度ですが，判例は，必ずしも被害者の反抗を抑圧するものであることを要せず，その反抗を著しく困難にする程度のものであれば足りるとしています。暴行・脅迫により被害者の反抗を抑圧して財物を強取する強盗罪の場合には，その程度に至らない暴行・脅迫による奪取につき恐喝罪の規定を別に置いていますが，強姦罪の場合には同様の規定がないので，反抗抑圧に至らない程度の犯罪について処罰を可能とする判例の見解は妥当なものと言えます。そして，暴行・脅迫が被害者の反抗を著しく困難ならしめる程度のものであったかどうかは，諸般の事情を総合して社会通念に従って判断されることになるのです。

iv 強姦罪の「実行の着手」は，暴行・脅迫を手段とする場合，被害者の反抗を著しく困難ならしめる程度の暴行・脅迫が開始された時点であり，必ずしも姦淫行為そのものに着手する必要はありません。例えば，誰もいない寺の境内に連れ込み，強姦目的で女子の首を絞めて脅迫すれば，その時点で強姦罪の実行の着手が認められますし，深夜通行中の女子を拉致して強姦しようと考え，野原に止めたダンプカーの運転席に向かって連行するため手を引っ張ったら，その時点で強姦罪の実行の着手が認められると解されます。

　暴行・脅迫を手段としない13歳未満の女子に対する場合は，姦淫行為

が開始された時点が実行の着手です。

3 準強制わいせつ罪，準強姦罪

> 178条 ① 人の心神喪失若しくは抗拒不能に乗じ，又は心神を喪失させ，若しくは抗拒不能にさせて，わいせつな行為をした者は，第176条の例による。
> ② 女子の心神喪失若しくは抗拒不能に乗じ，又は心神を喪失させ，若しくは抗拒不能にさせて，姦淫した者は，前条の例による。

1項が準強制わいせつ罪，2項が準強姦罪です。いずれも心神喪失・抗拒不能に乗ずるか，又は心神喪失・抗拒不能にさせて，わいせつな行為又は姦淫をする罪です。

心神喪失とは，精神の障害によって正常な判断能力を失っている状態のことであり，抗拒不能とは，心神喪失以外の理由によって心理的・物理的に抵抗することが不可能又は著しく困難になった状態を言います。心神喪失等に乗ずる場合とは，前後不覚に泥酔した女子を姦淫する，治療行為と誤信している女子に薬品を挿入するとだまして姦淫する，添い寝している夫が性交渉を求めているものと誤信させたまま夫になりすまし夢うつつの妻を姦淫するなどの例が挙げられますし，心神喪失等にさせるとは，麻酔薬・睡眠薬の投与，催眠術の施用などによってその状態にさせて姦淫する例が挙げられます。いずれもその手段・方法は問われません。

4 集団強姦罪，集団準強姦罪

> 178条の2 二人以上の者が現場において共同して第177条又は前条第2項の罪を犯したときは，4年以上の懲役に処する。

本罪は，少なくとも同時に二人以上の者が犯行現場において，共同正犯の形態で強姦・準強姦を行う罪であり，いわゆる「輪姦」と言われる凶悪な犯罪です。必ずしも二人以上の者が姦淫行為をする必要はありませんが，二人以上の者が現場にいて暴行・脅迫を加えたり威圧し監視するなどして共同することが要件となっています。もちろん現場にいる二人以上の者のほかに，現場にいない共謀者が存在していてもかまいません。その共謀者も本罪の共謀共同正犯として責任を問われることになるのです。

|未遂罪の処罰規定|

179条　第176条から前条までの罪の未遂は，罰する。

　実行の着手があって，わいせつ・姦淫の点が未遂に終われば，未遂罪で処断されることになります。181条の致死傷罪で説明しますが，わいせつ・姦淫の点が未遂であっても，その機会に致死傷の結果が生ずれば未遂罪ではなく，致死傷罪（既遂）として処罰されることになります。

刑法総論の学習事項⑱
―中止未遂・共犯関係からの離脱（強姦罪）―

　例えば，強姦目的で女子を脅迫して畏怖させたところ，顔面蒼白となった被害者が助けて欲しいと哀願したため憐憫の情を催し，自発的に姦淫するのを止めて立ち去った場合は，中止の任意性と中止行為が認められて強姦罪の中止未遂になり，刑の必要的減免が行われます。なお中止行為としては，一般的に結果発生を阻止するための「真摯な努力」が必要とされていますが，脅迫のみでまだ姦淫そのものに対する侵害の流れが始まっていない強姦罪の場合は，その場から立ち去るだけであっても中止行為の要件を充足するものと解されています。

　強姦（集団強姦も含み，以下同じです。）の共謀段階にとどまり実行の着手前に，他の共犯者の承諾を得て離脱した場合は，「共犯関係からの離脱」として，その余の共謀者による強姦があっても罪には問われません。しかし，実行の着手後は，法益侵害の現実的危険が生じていますからその段階で離脱しても，一般的にはその余の共謀者による強姦の結果，さらには致死傷の結果についても共同正犯となり，強姦罪又は強姦致死傷罪の結果に対する責任を免れることはできません。ただ暴行・脅迫を加えて実行の着手をした後であっても姦淫行為前に離脱の意思を表明し，なおかつ，他の共謀者によるその後の犯行継続を真摯な努力によって制止したなら共犯関係からの離脱と中止が認められ，その後他の共謀者による新たな強姦行為が行われたとしても，その責任を負うことはなく，強姦未遂罪それも中止未遂に問われるだけと考えられます。

5 親告罪の規定

> 180条 ① 第176条から第178条までの罪及びこれらの罪の未遂罪は，告訴がなければ公訴を提起することができない。
> ② 前項の規定は二人以上の者が現場において共同して犯した第176条若しくは第178条第1項の罪又はこれらの罪の未遂罪については，適用しない。

① 親告罪と非親告罪

1項では，強制わいせつ罪，強姦罪，準強制わいせつ罪，準強姦罪を親告罪と定める一方，178条の2の集団強姦罪・集団準強姦罪は親告罪から除外して非親告罪とした上，2項で，二人以上の者が現場において共同して犯した強制わいせつ罪・準強制わいせつ罪も非親告罪としています。これらの罪は，凶悪な犯罪態様から被害者の告訴を待つ必要はないとして非親告罪とされたものであり，次の181条の致死傷の結果が生じた罪も，同様に非親告罪と定められています。

② 告　訴

告訴（刑事訴訟法230条）とは，犯罪の被害者らが捜査機関に対し，犯罪事実を申告して犯人の処罰を求める意思表示のことですが，その告訴権者，告訴期間，告訴の取消し・告訴の不可分等については，刑事訴訟法に詳細な規定があります。従前は，犯人を知ったときから6ヶ月以内とされていた強制わいせつ，強姦等の罪の告訴期間はその制限が現在なくなり，時期を問わず告訴することが可能になっています。

③ 親告罪の意義

親告罪とは，告訴がなければ公訴を提起することができない（処罰を求めることができない）罪を言いますが，刑事政策上の観点から

a 犯罪の性質上，その犯罪を起訴すると，かえって被害者の名誉を傷付ける虞がある罪の場合
b 個人的法益に対する罪であって，一般的に軽微と思われる罪の場合
c 特定の犯罪において，犯人と被害者との間に一定の身分関係がある場合

にそれぞれ親告罪の規定を置き，被害者の意思を尊重して被害者の告訴を訴訟条件（公訴における実体的審判に必要とされる条件）としているのです。例えば，

上記180条による強制わいせつ罪，強姦罪は，ａの理由による親告罪の規定ですが，同様の理由で略取誘拐罪等（229条），名誉毀損罪等（232条）にも親告罪の規定が置かれています。ｂの理由による親告罪の規定としては過失傷害罪（209条2項），器物損壊罪等（264条）などがありますし，ａ・ｂ双方の理由によるのが，135条による信書開封罪（133条），秘密漏示罪（134条）です。ｃの理由によるのが，244条2項による窃盗罪（235条），不動産侵奪罪（235条の2）ですし，これは251条で詐欺及び恐喝の罪，255条で横領の罪にも準用されています。同様の理由で105条により犯人蔵匿罪（103条），証拠隠滅罪（104条）にも親告罪の規定が置かれています。

6 強制わいせつ致死傷罪，強姦致死傷罪，集団強姦致死傷罪

> 181条　① 第176条若しくは第178条第1項の罪又はこれらの罪の未遂罪を犯し，よって人を死傷させた者は，無期又は3年以上の懲役に処する。
> ② 第177条若しくは第178条第2項の罪又はこれらの罪の未遂罪を犯し，よって女子を死傷させた者は，無期又は5年以上の懲役に処する。
> ③ 第178条の2の罪又はその未遂罪を犯し，よって女子を死傷させた者は，無期又は6年以上の懲役に処する。

① 死傷の結果

本罪は，強制わいせつ，強姦，集団強姦等の罪及びこれらの罪の未遂罪を犯し，よって，致死傷の結果を生じさせた場合に成立する「結果的加重犯」です。結果的加重犯ですから，基本犯を犯したことと死傷の結果との間に「因果関係」が必要ですが，それ以上に結果に対する予見可能性とか過失は不要です。死傷の結果については，わいせつ行為・姦淫行為そのものから生じたものばかりでなく，その手段である暴行・脅迫から生じたものであっても良いし，更に強制わいせつ罪，強姦罪等に通常随伴する行為から生じたものであっても良いとされています。例えば，強姦するつもりで被害者を裸にして急激な寒冷にさらしたところショック状態になった被害者を死んだものと誤信し，放置して凍死させた場合や，強姦された被害者が更なる強姦継続の危険から隙を見てその場から必死に逃走する途中，転倒して負傷した場合などは，強姦致死傷罪が成立すると解されます。

刑法総論の学習事項⓳
―結果的加重犯と共同正犯・同時犯（強姦致傷罪）―

　例えば，AがB（女）を強姦したところ，その際Bに擦過傷の傷害が生じたなら，Aは結果的加重犯として強姦致傷罪になりますし，Aが仲間のC，Dと共謀して犯行現場でBを輪姦した場合にBが負傷し，その負傷がA，C，Dのうち誰の行為によって生じたのか不明の場合でも，基本的犯罪の強姦について共謀がありますから，その結果である致傷の責任も全員が負うことになり，A，C，Dとも集団強姦致傷罪に問われます。
　共謀のない「同時犯」の場合，例えば，Aが深夜通行中のB（女）を空き地に連れ込み強姦して立ち去った直後，偶然そこを通りかかったCが畏怖状態で脅えたままのBを見付け劣情を催して強姦し，Bに傷害の結果が生じたところ，その傷害がA，Cどちらの行為によるものか不明の場合には，A，Cに共謀がないので同時犯ということになりますが，それぞれの行為と傷害の結果との間に因果関係が認められないので，A，C共に致傷の結果責任を問われず，強姦罪が成立するのみと解されます。なお，傷害の罪の項目で説明したように，傷害罪には同時傷害の特例（207条）があり，傷害致死罪も同特例の適用を積極に解されていますが，強姦致死傷罪や強盗致死傷罪については，今のところ，この特例の適用を認めた判例はありません。

② 実行の着手と致死傷

　本罪が成立するためには，実行の着手後に致死傷の結果が発生したものでなければなりません。実行の着手前なら本罪は成立しません。

刑法総論の学習事項⓴
―実行の着手（強姦致傷罪）―

　例えば，女子を強姦する目的でホテルのレストランで食事をした後，客室に連れて行こうとして手を強く引っ張った際に怪我をさせてしまい，そのまま逃げられた場合，強姦の実行の着手があれば強姦致傷罪になりますし，実行の着手がなければ強姦未遂罪にはならず傷害罪のみとなります。具体的な状況で実行の着手の有無を判断することになると思いますが，

「実行行為」とは，法益侵害の現実的危険という実質を有し，特定の構成要件に形式的にも実質的にも該当すると認められる行為を言いますから，前記の例では消極に解して，強姦未遂罪も強姦致傷罪も成立しないとするのが一般的です。

　例えば，強姦目的で深夜通行中の女子をいきなり羽交い締めにして自分の運転する車に引きずり込もうとした際に擦過傷の傷害を負わせたところ，大声で叫ばれて逃げられた場合，車に連行しようとした行為を強姦罪の実行の着手とみれば強姦未遂になり，傷害の結果が発生したことにより結果的加重犯である強姦致傷罪が成立します。しかし連行行為を暴行罪の実行の着手と解しても強姦罪の実行の着手とは認められないとすれば，傷害罪に問うことができるだけとなってしまいます。前記の事例では，連行により一般的に強姦の現実的危険が生じたと認め強姦致傷罪の成立を肯定するのが一般的であり，判例の立場と思われます。

③　殺人罪との関係

　本条は，結果的加重犯の規定であり，殺意をもって強姦して被害者を死亡させる場合のいわゆる「強姦殺人罪」を定めたものでありませんし，刑法上「強姦殺人罪」の規定はありません。そこで判例は，殺意があった場合，強姦致死罪と殺人罪の観念的競合になるとしています。なお，強姦の目的で暴行を加えて女子を死亡させてしまった直後に姦淫した場合は，包括して強姦致死罪一罪が成立するとされていますし，強姦の目的で強姦した後，犯罪の発覚をおそれて殺意を生じ被害者を殺害した場合は，強姦罪と殺人罪の併合罪になると解されています。

④　法定刑

　本条の罪はいずれも法定刑が重く，上限は無期懲役ですから，裁判員裁判の対象事件です。

　なお，性犯罪に関しては被害者の保護という観点が重要ですから，本罪も裁判では，刑法総論で学習した「被害者参加制度」その他被害者保護の規定（刑事訴訟法157条の2，3，4）が活用されています。

3　逮捕及び監禁の罪（第31章）

1　逮捕罪，監禁罪

　220条　不法に人を逮捕し，又は監禁した者は，3月以上7年以下の懲役に処する。

　本罪には，逮捕罪，監禁罪のほかに，人を逮捕し，引き続き監禁した場合は包括して逮捕監禁罪一罪が成立するとされていますので，「逮捕監禁罪」という罪名も含まれていることになります。

　本罪の客体は「人」であり，身体活動の自由を害する罪として，この「人」の中には，意思能力のない幼児や泥酔者，熟睡者など責任能力のない者も含まれます。

　本罪の行為は，「逮捕」又は「監禁」であり，被害者の身体活動が多少の時間継続して拘束される意味で，本罪はいずれも「継続犯」になります。

　逮捕とは，人の身体の自由を直接拘束することであり，その手段・方法は問いません。物理的な手段で人を縄で縛ったり，けん銃を突きつけて自由を拘束したり，警察官であるとだます方法により手錠を掛けたりしても，逮捕に当たります。

　監禁とは，人を一定の区域内から脱出不能又は著しく困難にさせることであり，その手段・方法に制限はありません。外から施錠して小屋に閉じこめても，海上沖合に停泊中の漁船に閉じ込めても，入浴中の女子の衣類を隠して外出困難にさせても，自動車に乗せて疾走し降車困難にさせても，監禁に当たります。被監禁者が脱出するには相応な非常手段を講じなければならないからです。

　本罪の成立については，条文に「不法に」とあるように，「違法性阻却事由」のある場合が少なくないことに注意を要します。法令に基づくものとしては警察官・検察官等が被疑者を逮捕・勾留する場合（刑事訴訟法199条，207条），親権者が子供を懲戒する場合（民法822条），精神障害者を精神科病院に入院させる措置をとる場合などがあります。

　本罪と逮捕・監禁の手段として使われた暴行・脅迫との関係は，本罪が成

立すればその手段の暴行・脅迫は別罪を構成せず本罪に吸収されますが，逮捕・監禁が未遂に終わった場合，本罪に未遂罪の処罰規定がないので，暴行罪又は脅迫罪が成立するとされています。もちろん，逮捕・監禁と無関係に全く異なる動機や原因で行われた暴行・脅迫ならば本罪のほかに暴行罪又は脅迫罪が成立して併合罪になります。

2 逮捕致死傷罪，監禁致死傷罪

221条　前条の罪を犯し，よって人を死傷させた者は，傷害の罪と比較して，重い刑により処断する。

　本罪は，「結果的加重犯」であり，基本的行為（逮捕・監禁）とその結果（死傷）との間に因果関係が必要です。逮捕・監禁に用いた暴行・脅迫によって死傷の結果が生じたことまでは不要ですが，少なくとも逮捕・監禁によって死傷の結果が発生したことを要します。例えば，被害者が監禁状態から離脱しようとして逃げる際に傷害を負った場合であれば，積極に解され監禁致傷罪が成立するのです。監禁した機会に全く別の動機・原因から傷害を負わせた場合には監禁罪と傷害罪が成立し，併合罪となります。

　本罪の処罰については，「傷害の罪と比較して」とあるので，逮捕・監禁致死罪は3年以上の有期懲役とになり，裁判員裁判の対象事件となります。

4　脅迫の罪（第32章）

　「脅迫」は，刑法において「暴行」と並んで多くの条文に使用されており，その意義も多義にわたりますが，一般的には次の三つに分類されます。

- a　広義の脅迫　人を畏怖させるに足りる「害悪の告知」のすべてを含み，その害悪の内容・性質・通知の方法は問わず，それによって相手方が畏怖したか否かも問いません。公務執行妨害罪，加重逃走罪，騒乱罪等における脅迫がこの例です。
- b　狭義の脅迫　「害悪の告知」の内容が限定されるか，又は相手方が畏怖心を

生じて一定の行為を強いられるか受忍させられるかする点で，広義の脅迫と異なります。脅迫罪，強要罪における脅迫がこれに当たります。

c　最狭義の脅迫　人の反抗を抑圧するか，著しく困難にする程度の畏怖心を生じさせるような「害悪の告知」を意味します。強盗罪，強姦罪における脅迫がこの例です。

1　脅迫罪

222条　①　生命，身体，自由，名誉又は財産に対し害を加える旨を告知して人を脅迫した者は，2年以下の懲役又は30万円以下の罰金に処する。
②　親族の生命，身体，自由，名誉又は財産に対し害を加える旨を告知して人を脅迫した者も，前項と同様とする。

　本罪の行為は，「人を脅迫」することですが，ここで言う「脅迫」は狭義の脅迫であり，構成要件上，生命・身体・自由・名誉・財産に対する害悪の告知は，限定的列挙と解されています。害悪の告知は，一般に人を畏怖させるに足りる程度のものでなければならず，相手方に知らしめることを要しますが，それによって現実に相手方が畏怖することまでは不要ですから「危険犯」です。

　脅迫の手段である害悪の内容は，それ自体違法なものでなくてもよく，告訴する意思がないのに告訴する旨告知しても脅迫になりますし，害悪は告知者自身が実現するというだけでなく，第三者に実現させる旨の告知も，第三者に影響力がある地位にあることを知らしめる内容であれば，実際には影響力がなかったとしても脅迫に当たります。なお，害悪の発生は，確実なものとして告知されても，条件付のものであってもかまいません。害悪を告知する方法には制限がありませんから，文書，言語，態度を問わず，いずれでも脅迫になります。

2　強要罪

223条　①　生命，身体，自由，名誉若しくは財産に対し害を加える旨を告知して脅迫し，又は暴行を用いて，人に義務のないことを行わせ，又は権利の行使を妨害した者は，3年以下の懲役に処する。
②　親族の生命，身体，自由，名誉又は財産に対し害を加える旨を告知して脅迫し，人に義務の

ないことを行わせ，又は権利の行使を妨害した者も，前項と同様とする。
③ 前2項の罪の未遂は，罰する。

　本罪の行為は，前条の害悪の告知を手段とする脅迫のほかに，1項では暴行が追加されており，その脅迫，暴行等により，人に義務なきことを行わせ，又は権利の行使を妨害することが犯罪成立の要件となっていますから，本罪は「侵害犯」であり，3項によって未遂罪も処罰されることになっています。

　ここで言う「暴行」は，広義の暴行を意味し，人に対して加えられれば足り，必ずしも人の身体に直接加えられる必要はありません。なお，2項は害悪告知の内容を親族の法益侵害にまで広げた規定ですから，行為は脅迫のみであり，当然のことながら暴行は含まれていません。

　ところで，強要罪は，意思決定の自由を害し，被害者の行動の自由を侵害する犯罪ですから，脅迫罪と異なり，生命・身体等に対する害悪の告知の内容を限定的列挙と解する必要はなく，行動の自由を制約するに足りる脅迫があればいいので，例示的列挙としてとらえるべきものと解されています。

　「義務のないことを行わせ，又は権利の行使を妨害」するというのは，被害者に作為・不作為を強要し，又は加害者の行為を受忍させることであり，義務・権利と言っても法的なものに限らないと解されます。無理矢理謝罪状を書かせる，叱責して長時間机の前に立たせておく，告訴しようとしている者を脅して告訴を思いとどまらせる，などのケースは強要罪に該当します。

5　略取，誘拐及び人身売買の罪（第33章）

　略取及び誘拐の罪は，その主たる構成要件的行為が「略取」と「誘拐」であり，通常，これをまとめて「拐取」と呼んでおり，拐取された者を「被拐取者」と言って説明します。

　略取，誘拐及び人身売買の罪の本質については，被拐取者の身体の自由を保護法益とするという見解と，その自由の侵害のみならず保護監督者の監護権の侵害という人的関係の保護も法益の一つであるとする見解があり，判例・通説とも後説を採っています。その上で判例は，双方の要素があっても

被拐取者の自由に対する侵害という点を重視し，拐取罪は被拐取者の自由に対する侵害が継続している「継続犯」であると解しています。人的関係の保護のみを重視する立場に立てば，監護権の侵害と同時に拐取罪は既遂に達し，その後は違法状態が継続しているにすぎない「状態犯」と考えることになります。

1 未成年拐取罪

224条　未成年を略取し，又は誘拐した者は，3月以上7年以下の懲役に処する。

　本罪の客体は，未成年です。未成年とは民法4条により，20歳未満の者と定義されます。民法753条には未成年が婚姻したときは成年とみなす旨の規定がありますが，これは私法上の行為の法律効果の面から定められたものですから，本罪の適用に関しては問題になりません（少年の刑事事件については少年法2条1項参考）。

　本罪の行為は，「略取」と「誘拐」です。略取とは，暴行又は脅迫を手段とするものであり，誘拐とは，欺罔（虚偽の事実を告げて相手を錯誤に陥れること）又は誘惑（甘言をもって相手を動かしその適正な判断を誤らせること）を手段とするものということができます。しかし，これらの手段に限られるわけではなく，略取・誘拐とは，まとめて「拐取」と呼ばれるように，人の真意に基づかず又は真意に反して人を自己又は第三者の実力的支配下に置く行為全般を指し，そのうち略取は被害者の意思に基づかない場合であって典型的な手段が暴行，誘拐は被害者の瑕疵ある意思に基づく場合であって典型的な手段が欺罔であると言うことになります。

2 営利目的等拐取罪

225条　営利，わいせつ，結婚又は生命若しくは身体に対する加害の目的で，人を略取し，又は誘拐した者は，1年以上10年以下の懲役に処する。

　本罪は，「目的犯」です。「営利の目的」とは，拐取行為によって財産上の利益を得る目的であり，その利益が継続的，営業的であることや，不法のものである必要はありません。「わいせつの目的」とは，行為者又は第三者に

広く性的欲望を満足させる目的です。「結婚の目的」とは，行為者又は第三者と結婚させる目的であり，この場合の結婚は法律婚に限らず事実上の結婚で足りますから，内縁の妻又は妾にするという目的も結婚目的に当たります。「加害の目的」とは，動機の如何を問わず被拐取者の生命等に対する加害の目的を言います。

本罪の客体は，成年・未成年を問いませんから，本罪の目的で未成年を拐取した場合は，本罪のみが成立すると解されています。

❸ 身代金目的拐取罪，身代金交付罪・身代金要求罪

> 225条の2　①　近親者その他略取され又は誘拐された者の安否を憂慮する者の憂慮に乗じてその財物を交付させる目的で，人を略取し，又は誘拐した者は，無期又は3年以上の懲役に処する。
> ②　人を略取し又は誘拐した者が近親者その他略取され又は誘拐された者の安否を憂慮する者の憂慮に乗じて，その財物を交付させ，又はこれを要求する行為をしたときも，前項と同様とする。

1項が身代金目的拐取罪，2項が身代金交付罪・身代金要求罪であり，1項は「目的犯」，2項は「身分犯」です。

本罪で定める「近親者その他略取され又は誘拐された者の安否を憂慮する者の憂慮に乗じて交付させる財物」を「身代金」と呼び，この身代金を目的とした拐取罪とその交付罪・要求罪を，225条の営利目的拐取罪とは別に独立した罪として法定刑を重くしたのが本罪の規定です。

「近親者その他略取され又は誘拐された者の安否を憂慮する者」とは，親子・夫婦・兄弟姉妹等の親族関係がある者はもちろん，親族関係がなくても密接な生活関係を有する者は含まれます。例えば，住込み店員に対する店主，会社員を雇用する企業幹部等はこれに含まれますが，単に同情しているだけの第三者は含まれません。

本罪は，法定刑に無期懲役が含まれており，裁判員裁判の対象事件です。

❹ 所在国外移送目的拐取罪

> 226条　所在国外に移送する目的で，人を略取し，又は誘拐した者は，2年以上の有期懲役に処する。

本罪は，被拐取者を所在国の領土・領空・領海外に運び去る目的で拐取する罪であり，「目的犯」ですから，この目的で拐取すれば本罪が成立し，現実に被拐取者を移送することまでは不要です。

5 人身売買罪

226条の2　① 人を買い受けた者は，3月以上5年以下の懲役に処する。
② 未成年を買い受けた者は，3月以上7年以下の懲役に処する。
③ 営利，わいせつ，結婚，又は生命若しくは身体に対する加害の目的で，人を買い受けた者は，1年以上10年以下の懲役に処する。
④ 人を売り渡した者も，前項と同様とする。
⑤ 所在国外に移送する目的で，人を売買した者は，2年以上の有期懲役に処する。

本罪は，いわゆる「人身売買」の罪として，その態様を区分して刑罰を定めている規定です。1項，2項，3項は，人を買い受けた者の処罰規定であり，その対象が，「人」，「未成年」「営利等の目的」と分かれています。4項は人を売り渡した者の処罰規定であり，3項同様の刑が科せられます。5項は所在国外移送目的による人身売買をした者に対する処罰規定です。

6 被拐取者所在国外移送罪

226条の3　略取され，誘拐され，又は売買された者を所在国外に移送した者は，2年以上の有期懲役に処する。

本罪は，被拐取者，人身売買された者を所在国外に移送することによって既遂となる移送罪であり，226条の移送目的の拐取罪等と同じ法定刑が定められています。

7 被拐取者引渡し等罪

227条　① 第224条，第225条又は前3条の罪を犯した者を幇助する目的で，略取され，誘拐され，又は売買された者を引き渡し，収受し，輸送し，蔵匿し，又は隠避させた者は，3月以上5年以下の懲役に処する。
② 第225条の2第1項の罪を犯した者を幇助する目的で，略取され又は誘拐された者を引き渡し，収受し，輸送し，蔵匿し，又は隠避させた者は，1年以上10年以下の懲役に処する。
③ 営利，わいせつ又は生命若しくは身体に対する加害の目的で，略取され，誘拐され，又は売買された者を引き渡し，収受し，輸送し又は蔵匿した者は，6月以上7年以下の懲役に処する。

④ 第225条の2第1項の目的で、略取され又は誘拐された者を収受した者は、2年以上の有期懲役に処する。略取され又は誘拐された者を収受した者が近親者その他略取され又は誘拐された者の安否を憂慮する者の憂慮に乗じて、その財物を交付させ、又はこれを要求する行為をしたときも、同様とする。

本罪は、既に略取・誘拐された者或いは人身売買された者を、「引渡し」「収受」「輸送」「蔵匿」「隠避」するなどした者に対する罪であり、いわば拐取罪の完遂後にその結果を維持・確保することを本質としているので、その形態は「事後従犯」です。ただ、3項、4項後段の罪は、被拐取者の収受等をする者や収受等をした者が、拐取者のためだけの収受等ではなく、営利等の目的や身代金目的をもった上で関与に及んだ行為ですから、事後従犯の枠を超えて事後的主犯という性格を有しています。

未遂罪の処罰規定
228条　第224条、第225条、第225条の2第1項、第226条から第226条の3まで並びに前条第1項から第3項まで及び第4項前段の罪の未遂は、罰する。

本章の罪のうち、225条の2第2項の罪及び227条4項後段の罪が未遂罪の処罰から除外されていますが、これらの罪は構成要件が「交付させ、又は要求する行為」ですから、要求する行為によって直ちに既遂になると解されることによるものと思われます。

解放による刑の減軽規定
228条の2　第225条の2又は第227条第2項若しくは第4項の罪を犯した者が、公訴が提起される前に、略取され又は誘拐された者を安全な場所に解放したときは、その刑を減軽する。

被拐取者の安全を図るための刑事政策的配慮に基づく特則であり、刑の必要的減軽が定められています。

「安全な場所」とは、被拐取者が安全に救出されると認められる場所を意味し、被拐取者の自宅以外でも良く、解放の手段・方法も諸般の事情を考慮して具体的に判断されるべきものであり、犯人に通常期待し難いような解放場所等の細心の配慮までは必要とされません。

8 身代金目的拐取予備罪

228条の3　第225条に2第1項の罪を犯す目的で、その予備をした者は、2年以下の懲役に処す

る。ただし，実行に着手する前に自首した者は，その刑を減軽し，又は免除する。

　本罪は，重罪である身代金目的拐取罪の予備をした者を予備罪として罰するとした規定ですが，拐取罪の実行の着手前に自首した者については，刑事政策的配慮から刑の必要的減免が定められています。

> 親告罪の規定
> 229条　第224条の罪，第225条の罪及びこれらの罪を幇助する目的で犯した第227条第1項の罪並びに同条第3項の罪並びにこれらの罪の未遂罪は，営利又は生命若しくは身体に対する加害の目的による場合を除き，告訴がなければ公訴を提起することができない。ただし，略取され，誘拐され，又は売買された者が犯人と婚姻をしたときは，婚姻の無効又は取消しの裁判が確定した後でなければ，告訴の効力がない。

　刑事訴訟法235条に定められた親告罪の告訴期間によれば，犯人を知ったときから6ヶ月以内に告訴しなければならない罪と，告訴期間の定めがない罪とに分かれますが，224条の罪は前者，225条，227条1項・3項の罪は後者となっています。なお本条但書の規定は，犯人が被拐取者と法律上の婚姻をしたときは原則として告訴権がなくなり，例外として婚姻無効・婚姻取消しの裁判が確定したときに限り告訴できるとされていますが，その告訴は裁判確定の日から6ヶ月以内にしなければ効力がありません。

第3章　私生活の平穏を害する罪

1　序　論

　個人が社会生活を営む上で，他から私生活を干渉されずに平穏な生活を送るということは極めて重要なことですから，それを保護法益として刑法は，第12章と第13章に，住居を侵す罪と秘密を侵す罪を設けています。刑法上の条文の位置は，法益が家族的生活を背景とする社会公共的色彩も強いとして社会的法益に対する罪の中に置かれていますが，その本質はやはり個人的法益である私生活の平穏の保護にありますから，個人的法益に対する罪として説明します。

2　住居を侵す罪（第12章）

> 130条　正当な理由がないのに，人の住居若しくは人の看守する邸宅，建造物若しくは艦船に侵入し，又は要求を受けたにもかかわらずこれらの場所から退去しなかった者は，3年以下の懲役又は10万円以下の罰金に処する。

　前段が住居侵入罪，後段が不退去罪を定めたものです。

1　住居侵入罪

①　客　体

　本罪の客体は，「人の住居」「人の看守する邸宅」「人の看守する建造物」「艦船」です。

　ⅰ　人の住居

　人の住居とは，人の起臥寝食に用いる場所をいい，設備構造の如何を問わ

ず，日常生活に使用するためのものであれば，一時的なものでもかまいません。バラック立ての建物でも，旅館やホテルの客室でも，不適法な占有に係る住居（例えば，賃貸借契約後に不法占有している住居）でも，事実上人が使用していれば，ここでいう「住居」に当たります。

　ところで，建物に附属する「囲繞地」については，様々な解釈がありますが，先ず囲繞地の定義として

- 客観的にその土地が建物の附属地であることが明らかなこと
- 門塀等の囲障の設置によりその土地が他と明確に区別されていること
- 建物の附属地として建物利用のために供されているものであること

が必要であり，これに該当する囲繞地が本罪の客体に当たると解されます。その上で，住居の囲繞地は住居，邸宅の囲繞地は邸宅，建造物の囲繞地は建造物と考えるのが一般的です。

　ⅱ　邸宅，建造物，艦船

　邸宅とは，住居として使用する目的で造られた家屋で，住居に使用されていないもの，例えば，空き家や閉鎖された別荘などがこれに当たります。建造物とは，一般に屋根を有し，障壁又は支柱によって支えられた土地の定着物であり，内部に出入りできる構造を有するものを言います。例えば，官公署の庁舎，学校，神社，寺院，工場，倉庫などがこれに当たります。艦船とは，軍艦その他の船舶を言います。

　ⅲ　人の看守

　前記ⅱの邸宅，建造物は「人の看守する」というのが要件となっており，「看守する」とは，他人が事実上管理・支配していることを意味します。看守の態様は様々ですが，人的・物的設備を用いるのが一般的であり，守衛や警備等の監視人を置くとか，鍵を掛けるなどの方法があります。人の出入りが自由な建造物に単に立入り禁止の立札を立てるだけの場合は，「看守する」建造物とは認め難いと判断されるかも知れません。しかし他に管理権者による立入り制限や禁止の意思が分かる明らかな事情があれば，「看守する」建造物に当たると解されるものと思います。

② 行　為

本罪の行為は、「正当な理由がないのに」「侵入」することです。

i　侵入

侵入とは、住居者・看守者の意思又は推定的意思に反して立ち入ることを言い、必ずしも暴力的な立入りに限らず、公然平穏理に行われる場合であっても、管理者等の意に反することが明らかであれば、侵入であって本罪に当たると解されます。社会的法益というよりも個人的法益に対する罪質の面を重視することによります。その反面、住居者等の承諾・推定的承諾があれば、侵入とは言い難く、本罪は成立しないという結論に傾きます。

居住者等の承諾・推定的承諾は、任意かつ真意に出たものでなければなりません。例えば、強盗犯人が顧客を装って店主から店舗内に入る承諾を得たとしても錯誤による承諾として無効であり、本罪の成立は妨げられません。ところで、承諾又は推定的承諾の意思は周囲の事情から認識され得るものであれば足りると解されます。例えば、営業中の飲食店、店舗、ホテルのロビー、執務時間内の官公署の庁舎、大学などは、通常予想される目的で立ち入る場合、原則として侵入にはなりません。ただ人糞を撒くとか、許可されていない多量のビラを貼るとか、反対派の者を追い出すとかといった目的を有しているなら、社会生活上の一般的・包括的承諾の限度を超えた行為として、侵入に当たると解するほかありません。

ii　正当な理由

正当な理由がないことが、本罪成立の要件ですから、例えば、法令に基づいて捜索、検証で他人の住居に立ち入る場合、凶悪犯人に追跡されて他人の住居に逃げ込む場合、火災現場で火元の家から家財道具を運び出してやるためその家に入る場合など、正当行為・正当防衛・緊急避難のような違法性阻却事由があるときは、一般的には構成要件に該当するとした上で違法性が阻却されることになりますが、住居侵入罪では違法性阻却事由があれば、それが正当な理由となる限り、構成要件該当性が否定されて犯罪が成立しないことになります。

ところで、正当の理由の有無については、行為の態様、居住者等の意思・推定的意思等を勘案しながら、法秩序全体から社会通念に従って判断すべき

ものと思われます。一応の基準としては、先ず侵入目的の適法・違法の観点から判断すべきと思われますが、詐欺・贈賄等の違法な目的であっても玄関先に入った者に対して直ちに本罪が成立するとは言えませんし、適法な隠匿物資摘発目的であっても私人が看守者の意思に反して強引に工場内に入った場合には本罪が成立するとも考えられますので、必ずしも絶対的な基準とはなり得ません。例えば、夫の相当期間の不在中にその妻と姦通する目的で、妻の承諾を得て住居に入った場合、従来からその立入り行為が問題とされてきました。一般的に言えば、姦通目的であっても平穏を害する態様での立入りでないことや、夫の不在期間の長短及び妻自身の真意を忖度すれば、正当な理由があったものとして、本罪の成立を否定するのが相当と思われます。

③ 他罪との関係

本罪は、他の犯罪の原因又は手段として行われることが多く、判例は、本罪と殺人罪、放火罪、強盗罪、傷害罪、窃盗罪とは牽連犯になると解しています。

2 不退去罪

本罪の行為は、要求を受けたにもかかわらず、他人の住居等から退去しないことです。本罪は、典型的な「真正不作為犯」であり、最初は適法に又は侵入の故意なく他人の住居等に入った者が、退去要求を受けたにもかかわらず、退去に必要な合理的時間を経過してもなお退去しなかった場合に犯罪が成立します。ところで最初から不法に侵入して、侵入後退去しない場合は、前段の住居侵入罪のみが成立し、不退去罪は成立しないと解されています。

（131条は、皇宮侵入罪の規定でしたが、現在は削除されています。）

未遂罪の処罰規定
132条　第130条の罪の未遂は、罰する。

住居侵入罪は、身体の全部が住居等に入ったときが既遂と考えられますので、犯人が塀を乗り越えようとしていた時点では未遂と解されます。なお、不退去罪は罪質上、未遂犯は考えにくいとされています。

3 秘密を侵す罪（第13章）

1 信書開封罪

133条　正当な理由がないのに，封をしてある信書を開けた者は，1年以下の懲役又は20万円以下の罰金に処する。

　本罪の客体は，「封をしてある」「信書」です。「封をしてある」とは，書状を入れた封筒を糊付けしたものが典型例であり，信書の内容が外部から認識し得ないように施された包装であって信書と一体をなしたものを言います。したがって，封筒の口をクリップで留める程度では「封をした」ことになりません。「信書」とは，特定人から特定人に宛てた文書を言い，必ずしも郵便によって届けられるものに限らず，使者によって送達されるものでも，直接手渡す方法によるものでもかまいません。なお判例は，信書を意思の伝達を媒介すべき文書としていますので，意思伝達が明確なものを除き，不明確な図面，写真，小包郵便物等の場合は信書に当たりません。

　本罪の行為は，正当な理由がないのに，「開ける」こと，すなわち封を破棄して信書の内容を知り得る状態にすることです。それ以上現実に信書を読むことや，内容を了知する必要はありません。

2 秘密漏示罪

134条　① 医師，薬剤師，医薬品販売業者，助産師，弁護士，弁護人，公証人又はこれらの職にあった者が，正当な理由がないのに，その業務上取り扱ったことについて知り得た人の秘密を漏らしたときは，6月以下の懲役又は10万円以下の罰金に処する。
② 宗教，祈禱若しくは祭祀の職にある者又はこれらの職にあった者が，正当な理由がないのに，その業務上取り扱ったことについて知り得た人の秘密を漏らしたときも，前項と同様とする。

　本罪は，条文に書かれた者だけが犯罪の主体となる限定的列挙による「身分犯」です。ここに書かれた者以外の者に対しては本罪は成立しません。

　本罪の客体は，犯罪の主体となる者が業務上取り扱ったことについて知り得た秘密です。「秘密」とは広く一般には知られていない事実であって，これを他人に知られないことが本人の利益になるものを言います。また秘密は

業務上取り扱ったことについて知り得たものでなければなりませんから，業務と無関係に知り得た場合は本罪の秘密に当たりません。例えば，理髪店・飲食店，ゴルフ場等で偶然見聞した事実は，秘密に含まれないのです。

本罪の行為は，「漏らす」ことです。秘密をまだ知らない人に知らせることを言い，方法に制限がないので，口頭による告知でも文書による告知でもかまいません。相手方に到達したことで既遂となり，相手方がその内容を了知することまでは不要です。

なお，特別法の中には，国家公務員が秘密を漏らした場合の罰則（国家公務員法109条12号，100条），地方公務員が秘密を漏らした場合の罰則（地方公務員法60条2号，34条），自衛隊員が秘密を漏らした場合の罰則（自衛隊法118条1項1号，59条），裁判員又は補充裁判員が秘密を漏らした場合の罰則（裁判員の参加する刑事裁判に関する法律108条）等が定められています。

親告罪の規定
135条　この章の罪は，告訴がなければ公訴を提起することができない。

第4章　名誉・信用を害する罪

1　序　論

人が人間として社会的関係において有する自由の保護も文化の進展に伴って次第に重要性を帯びてきますが、それを保護法益として刑法は、第34章と第35章に、名誉に対する罪と信用及び業務に対する罪を設けています。

2　名誉に対する罪（第34章）

> 230条　① 公然と事実を摘示し、人の名誉を毀損した者は、その事実の有無にかかわらず、3年以下の懲役若しくは禁錮又は50万円以下の罰金に処する。
> ② 死者の名誉を毀損した者は、虚偽の事実を摘示することによってした場合でなければ、罰しない。

1項が名誉毀損罪、2項が死者名誉毀損罪の規定であり、名誉毀損罪には、次の230条の2による公共の利害に関する場合の特例があります。

1　名誉毀損罪

①　客　体

本罪の客体は「人の名誉」です。名誉の概念は、通常

- a　内部的名誉　他人又は自己の評価とは別に、人が持っている絶対的・客観的な価値、すなわち人の真価
- b　外部的名誉　人の価値に関する世人の評価、すなわち社会においておよそ価値があるとされるもの一切を含む社会的評価
- c　名誉感情　名誉の意識、すなわち人の価値に対する本人自身の評価

の三つに分けられますが，名誉に対する罪（名誉毀損罪，死者名誉毀損罪，侮辱罪）の保護法益・客体は，すべて外部的名誉であり，名誉の主体は自然人，法人，法人格を有しない団体を問わないとするのが判例の立場です。したがって自然人のみならず名誉感情を持たない法人，幼児，精神病者，背徳者らに対しても，名誉毀損罪のみならず侮辱罪の成立もあり得るとし，両罪の差異は「事実の摘示」の有無であると解します。これに対し，名誉毀損罪の保護法益は外部的名誉，侮辱罪の保護法益は名誉感情と区別する見解もあり，これによれば名誉感情を持たない者に対しては侮辱罪は成立しないことになります。いずれにしても内部的名誉は，他人の評価や自己の評価を超越した絶対的な真価ですから，現実的な法律的保護の対象にはならないという点では一致しています。

② 行　為

本罪の行為は，「公然」と「事実を摘示」し，人の名誉を「毀損」することです。

　ⅰ　公　然

公然とは，不特定又は多数人が認識しうる状態を意味します。さらに，特定かつ少数の者であっても，そこから不特定又は多数人に伝播する可能性があれば，その場合も公然に当たると解されます。例えば，葬儀の際に僧侶数名が休憩していた控室で被害者の名誉を毀損する悪口雑言を吐いた場合，或るいは家族と近所の住人数名だけがいるところで被害者の名誉を毀損する性癖を話した場合などは，「伝播性」の理論により公然性が認められます。しかし，検事と検察事務官しかいない取調室で検事に向かって告訴人が被告訴人の悪行を述べた場合や，近親者だけの家族会議で名誉を毀損する言動があった場合などは，伝播の可能性がないので公然性は否定されます。

　ⅱ　事実の摘示

事実の摘示とは，人の社会的評価を低下させるおそれのある具体的な事実を指摘・表示することです。事実は特定人に関するものでなければなりませんが，表現の全趣旨や背景事情等を勘案して特定の者を察知できる程度であれば十分です。そして摘示の方法には制限がありませんから，口頭でも文書でも図面でもかまいません。

摘示する事実は，人の悪事醜聞等の行為に関することが典型例ですが，必ずしも行為に限らず，また公知の事実であってもかまいません。さらに「〜という噂がある。」とする噂，風聞，伝聞としての摘示による場合でもかまいません。

摘示される事実の内容は，条文上「その事実の有無にかかわらず」と定められているとおり，その存否・真否を問いません。つまり名誉毀損罪の事実の摘示は，その内容が真実に合致するかどうかには立ち入らず（事実の証明を許さず），摘示事実それ自体で名誉毀損になるかどうかを判断することにしているのです。ただ，一定の場合に限って事実の証明を許し事実の真否を判断する場合がありますが，これが次の203条の2の「公共の利害に関する場合の特例」に該当する場合です。

iii　名誉の毀損

名誉の毀損とは，人の社会的評価を低下させるおそれのある状態を作ることであり，現実に被害者の社会的地位が低下することまでは必要ありません。

2　死者名誉毀損罪

本罪の客体は，死者の名誉であり，本罪の行為は，摘示する事実が虚偽であることが要件となっています。生者に比べて死者に関する事実については歴史的批判に曝されることもやむを得ない一面があるので，事実の真実性を構成要件要素として定めたものです。したがって，摘示事実が真実であれば本罪は成立しません。本罪の故意としては，摘示する事実が死者の名誉を毀損するものであること及びその事実が虚偽であることの認識認容が必要ですから，虚偽の事実を真実であると誤信してその事実を摘示した場合は，構成要件的故意を欠き，本罪は成立しないことになります。

3　公共の利害に関する場合の特例

> 230条の2　①　前条第1項の行為が公共の利害に関する事実に係り，かつ，その目的が専ら公益を図ることにあったと認める場合には，事実の真否を判断し，真実であることの証明があったときは，これを罰しない。
> ②　前項の規定の適用については，公訴が提起されるに至っていない人の犯罪行為に関する事実

> は，公共の利害に関する事実とみなす。
> ③ 前条第1項の行為が公務員又は公選による公務員の候補者に関する事実に係る場合には，事実の真否を判断し，真実であることの証明があったときは，これを罰しない。

① 意　義

　名誉毀損罪は，摘示された事実の真否を問わず，それが人の名誉を毀損するものである限り成立しますが，それは，たとい虚名であっても現実に社会生活上通用している人の評価をみだりに暴くことは許されないという思想に基づくものであり，尊重しなければならないものだからです。

　しかし，民主主義は言論の自由を標榜して公正な批判を認め，真実を摘示して社会正義の実現を目指すという一面も極めて重要なところから，名誉の保護と言論の自由の保障について調和と均衡を図るため，一定の場合に関し本条により特例を認めているのです。

② 特例の要件

　i　1項による原則

　本項は，事実の証明を許して，真実であると証明されたときは罰しないとしますが，その要件は

　　ア　事実の公共性　摘示事実が公共の利害に関する事実であること
　　イ　目的の公益性　その目的が専ら公益を図るためであること
　　ウ　事実の真実性　摘示事実が真実であると証明されること

の三点が必要ということになります。

　　ア　事実の公共性

　公共の利害に関する事実とは，社会一般多数の利害に関する事実を言います。国・地方公共団体又は公の施設で働く職員の行動，学校・病院・寺院・神社・教会等の公益を目的とする事業に関与する主導者の行動，さらには営利企業であってもその経営の影響が社会公衆に及ぶような事業に関与する指導者・幹部の行動などは，公共性を肯定し，公共の利害に関する事実と認めて良いと解されます。ただ注意すべきは，人の純然たる私行は公共の利害に当たらないということです。公務員に対するものであっても公務と関係のない身体的欠陥を摘示することは，公共の利害に関する事実とは言えません。

イ　目的の公益性

　目的が専ら公益を図るためということは，その事実を摘示した主たる動機が公益にあれば良く，公益目的が唯一である必要はありません。そしてこの公益目的を判断するに当たっては，事実を摘示する際の表現方法や事実調査の程度も考慮されることになり，侮辱的・嘲笑的な表現を使ったり，噂の類を調査不足のまま引用したりする場合は，公益目的を否定されることも少なくないと思われます。

　ウ　事実の真実性

　真実であることの証明があったときというのは，裁判で摘示事実が真実なものと判断されることを意味し，裁判所が（合理的な疑いを容れない程度に）真実であるとの心証を持った場合にほかなりません。審理の結果真実でないことが明らかになったときや，真否いずれとも確定することができなかったときは，事実の真実性を証明できなかったとして名誉毀損罪が成立することになります。通常は訴追する検察官側に挙証責任がありますが，ここでは挙証責任が被告人側に転換されているのです。

　ところで，噂，風評，伝聞等の表現によったとしても，事実の証明の対象となるのは，噂等の存在ではなく，その内容とされた事実の真否であることは言うまでもありません。

　ⅱ　2項の犯罪行為に対する特例

　まだ公訴の提起されていない人の犯罪行為に関する事実は，公共の利害に関する事実とみなされます。犯罪行為には，捜査中のものはもとより，捜査に着手前のものも，既に不起訴処分になったものも含まれます。

　ⅲ　3項の公務員等に関する特例

　公務員又は公選による公務員の候補者に関する事実の場合は，事実の公共性及び目的の公益性があるとみなされ，真実の証明があれば罰せられません。公務員等の場合は，広く国民の監視下において自由な批判に曝すことが職務の公正を維持できるとの考えによるものです。ただし，公務員等としての地位による責任・適格性に関する事実に限られるべきことは言うまでもありません。

③ 不処罰の法的性格

摘示された事実の真否を判断して，真実であることの証明があったときは本条により処罰されないことになりますが，この法的性格については，構成要件阻却事由説，違法性阻却事由説，処罰阻却事由説の諸説があります。それぞれ名誉毀損罪が成立しない理由として，構成要件に該当しない，構成要件には該当するが違法性がない，構成要件に該当し違法性もあるが処罰しないと定めた条件に該当するなどと説明しますが，問題となるのは，故意の内容としての真実性の錯誤と名誉毀損罪の成否です。

④ 真実性の錯誤と名誉毀損罪の成否

摘示する事実を真実と誤信してその事実を摘示した場合，つまり真実性の錯誤があった場合，名誉毀損罪の成否については，見解が分かれます。構成要件阻却事由説によれば，構成要件的故意がありませんから名誉毀損罪は成立しませんし，処罰阻却事由説によれば，故意は阻却されず名誉毀損罪が成立することになります。違法性阻却事由説ではさらに二つの見解に分かれ，一つは真実でない事実を真実と誤信した場合は違法性阻却事由を構成する事実の錯誤として故意を阻却すると解する説と，もう一つは真実でない事実を真実と誤信した場合に，誤信したことについて相当の理由があれば故意を阻却し，相当の理由がなければ故意を阻却せず名誉毀損罪が成立すると解する説とが対立しています。判例は違法性阻却事由説のうち後者の見解によって判断していると思われます。行為者が確実な資料・根拠に照らして真実であると信じたことについて相当の理由があった場合は，多少の食い違いがあっても名誉毀損罪の成立を否定し，安易かつ軽率に真実であると信じてしまった場合は，故意を阻却せず名誉毀損罪の成立を認めるとするのが判例の立場なのです。

4 侮辱罪

231条　事実を摘示しなくても，公然と人を侮辱した者は，拘留又は科料に処する。

本罪の保護法益（客体）については争いがありますが，判例は外部的名誉としており，名誉毀損罪との区別は事実の摘示にあるとしています。したが

って，判例の見解を敷衍すれば，名誉感情のない死者に対しても侮辱罪の適用が考えられることになりますが，230条2項に死者の名誉毀損罪を明示し，かつ侮辱罪にはその旨の定めを置いていないので，この点から死者に対する侮辱罪は消極という結論になります。他方，本罪の保護法益が名誉感情であるとする立場からは，名誉感情のない者に対する侮辱罪は初めから成立しないことになります。

本罪の行為は，公然と人を侮辱することであり，侮辱とは，具体的事実を摘示することなく，人の社会的評価を低下させるような批判を表現することです。表現の方法には口頭，文書，動作など制限がありません。

なお本罪の法定刑は拘留又は科料であって極めて軽いことから，緊急逮捕（刑事訴訟法210条），勾留の要件（刑事訴訟法60条3項），教唆犯・幇助犯の処罰の制限（64条）等の適用に当たり消極となることに注意が必要です。

|親告罪の規定|
232条 ① この章の罪は，告訴がなければ公訴を提起することができない。
② 告訴をすることができる者が天皇，皇后，太皇太后，皇太后又は皇嗣であるときは内閣総理大臣が，外国の君主又は大統領であるときはその国の代表者がそれぞれ代わって告訴を行う。

3 信用及び業務に対する罪（第35章）

233条 虚偽の風説を流布し，又は偽計を用いて，人の信用を毀損し，又はその業務を妨害した者は，3年以下の懲役又は50万円以下の罰金に処する。

本条は，前段が信用毀損罪，後段が業務妨害罪であり，業務妨害罪は本条のほか，次の234条にも威力を用いた場合の威力業務妨害罪の規定が置かれています。

1 信用毀損罪

本罪の客体は，「人の信用」であり，ここで言う信用とは，人の経済的な面における信用，すなわち人の支払能力等に対する社会的評価です。

本罪の行為は，「虚偽の風説を流布し」又は「偽計を用いて」，人の信用を

「毀損する」ことです。

　虚偽の風説とは，実際の事実と相違する事項を内容とする風説，いわゆる「嘘の噂」であり，その出所・根拠が明確でなくても良いし，行為者自身がねつ造したものかどうかも問いません。この風説を流布するというのは，不特定又は多数人に伝播させることを言い，他人の口を通じて順次伝播させる場合も含みます。偽計とは，主として他人に錯誤を生じさせる手段を言い，誘惑その他広く陰険な手段を含むと解されます。偽計を用いる方法は制限がありませんし，公然であろうと秘密裏に行おうとかまいません。

　毀損とは，人の信用が減少・低下するおそれのある状態を発生させることですが，現実にその結果が発生する必要はないと解されています。例えば，虚偽の事実を新聞紙に掲載して発行すること（虚偽の風説の流布），同業者を誹謗する文書をその取引先に郵送すること（偽計の使用）などは本罪に当たります。

2 業務妨害罪

　本罪の客体は，「人の業務」であり，ここで言う業務とは，人が社会生活上の地位に基づいて継続して行う事務で，精神的たると経済的たるとを問わず，報酬の有無も問いません。また「人」は自然人，法人，法人格を有しない団体いずれであってもかまいません。

　本罪の行為は，信用毀損罪と同様に，風説の流布と偽計の使用を手段として，人の業務を「妨害する」ことです。

　業務の妨害とは，業務の執行自体を妨害する場合に限らず，広く業務の経営を阻害する一切の行為を含みます。例えば，商売敵の商品販売を妨害するため，架空名義を使って同種商品を安価で販売すると広告した場合（虚偽の風説の流布）や，飲食店の営業を妨害するため，電話で虚偽の注文を繰り返した場合（偽計の使用）なども本罪に当たります。なお，本罪も業務妨害の結果が発生するおそれのある行為をすれば足り，現実にその結果が発生することを要しないとされています。

3 威力業務妨害罪

234条　威力を用いて人の業務を妨害した者も，前条の例による。

①　行　為

本罪の行為は，「威力を用いる」点が前条と違うだけであり，ここで言う威力とは，犯人の威勢，人数，四囲の状勢などからみて，人の自由意思を制圧するに足りる勢力と解され，これを用いるというのは，暴行・脅迫による場合はもちろんのこと，地位・権勢を利用して威迫する場合もこれに該当します。なお，威力は直接現に業務に従事中の者に対して加えられるものでなくてもよく，犯人自身の身体等に危害が及ぶおそれを生じさせる方法でもかまいませんし，現実に被害者が自由意思を制圧されることも不要です。例えば，電柱に上って「電気を止めなければ墜落する。」と叫んで業務の執行を制限若しくは中止させるような場合でも，威力を示したことになって本罪が成立します。判例は，弁護士からその業務にとって重要な書類が入った鞄を奪って隠匿した場合，苗代の畔を破壊して稲苗の生育を妨げた場合，事務所のロッカーや机の抽斗に動物の糞や死骸を入れた場合などについて，本罪の成立を認めています。

②　業務と公務

本罪の「業務」の中に，公務執行妨害罪（95条）における「公務」も含まれるのかどうかについては見解の対立があり，大別すると

a　消極説　公務は一切業務妨害罪の対象にならないとする見解
b　無限定積極説　一切の公務が業務妨害罪の対象となるとする見解
c　限定積極説　公務を，強制力を行使する権力的な公務（権力的公務）とこれに当たらない公務（非権力的公務）とに分け，前者は公務執行妨害罪の対象となるにすぎないが，後者は暴行・脅迫の手段によるならば公務執行妨害罪，暴行・脅迫に至らない威力によるならば威力業務妨害罪の対象となるとする見解

の三説が主張されていますが，判例は限定積極説を採っていると思われます。強制力を行使する権力的公務なら，威力に対して法律上も実際上も対抗することができ妨害を排除できるという思想が背景にあるからと思います。例えば，警備中の警察官（権力的公務）に対しては，暴行・脅迫を加えることなく

威力をもって職務を妨害したとしても、公務執行妨害罪はもとより威力業務妨害罪も成立しません。しかし、公職選挙法の立候補者届出受理の事務や、県議会等の委員会における採決の事務（非権力的公務）を妨害した場合は、その手段が暴行・脅迫であれば公務執行妨害罪、威力にすぎなければ威力業務妨害罪が成立すると解します。権力的公務を行う者に対して暴行・脅迫を加えて職務を妨害した場合には、公務執行妨害罪のみが成立することになります。

③ 威力業務妨害罪と労働争議

憲法28条、労働組合法1条2項の規定から、労働組合法所定の目的で労働組合の団体交渉その他の行為をした場合、正当なものであれば35条の適用を受け、正当行為として罰せられません。しかし、労働組合の行為が外形上しばしば威力業務妨害罪の構成要件に該当するため、問題となることが少なくないのです。いかなる場合でも、暴力の行使は正当な行為と認められませんので、その点に留意した上で社会通念に従い、具体的事案に即して威力業務妨害罪の成否を検討すればいいと思います。

4 電子計算機損壊等業務妨害罪

234条の2　① 人の業務に使用する電子計算機若しくはその用に供する電磁的記録を損壊し、若しくは人の業務に使用する電子計算機に虚偽の情報若しくは不正な指令を与え、又はその他の方法により、電子計算機に使用目的に沿うべき動作をさせず、又は使用目的に反する動作をさせて、人の業務を妨害した者は、5年以下の懲役又は100万円以下の罰金に処する。
② 前項の罪の未遂は、罰する。

本罪は、コンピューターシステムの発達・普及に伴って電子計算機による大量迅速な事務処理が可能となる一方、電子計算機に向けられた加害行為によって広範な被害も発生するようになったため、業務妨害罪の一つとして昭和62年に新設された規定です。この時は、財産に対する罪の詐欺罪の後に「電子計算機使用詐欺罪」(246条の2)、社会的法益の文書偽造の罪の中に「電磁的記録の不正作出罪・供用罪」(161条の2)が同時に新設され、その後平成13年には、カード犯罪等に対処するため、有価証券偽造の罪の後に「支払用カード電磁的記録に関する罪」(163条の2、3、4)も新設されています。

本罪の客体は，人の業務に使用する「電子計算機」又はその用に供する「電磁的記録」であり，電子計算機とは自動的に情報処理を行う機器を言いますし，電磁的記録とは，7条の2により，『この法律において「電磁的記録」とは，電子的方式，磁気的方式その他人の知覚によっては認識することができない方式で作られる記録であって，電子計算機による情報処理の用に供されるものをいう。』と定義されています。

　本罪の「人の業務を妨害する」行為は多岐にわたりますが，そのうち「損壊」とは，物質的に変更・滅失させる場合のほか，消去等の方法により効用を害する場合も含みます。また「虚偽の情報」とはその内容が真実に反するものを言い，「不正の指令」とは，本来の事務処理上与えられるべきでない指令のことを言い，電子計算機にこれらを与える（電子計算機に入力する）ことが本罪の行為となります。その他さらに，電子計算機の電源を切断したり，温度・湿度等の動作環境を破壊したり，処理不能データを入力したりする方法により，電子計算機に使用目的に沿う動作をさせず，又は使用目的に反する動作をさせることも本罪の行為となります。

　本罪は，未遂も罰せられます（平成23年6月の改正により，2項追加）。

第1編　個人的法益に対する罪

第5章　財産に対する罪

1　序　論

　財産権の尊重は，財産が生存に必要不可欠な物的条件であることから，普遍的に認められてきた規範であり，私有財産制が確立した我が国では，憲法29条1項に「財産権は，これを侵してはならない。」と規定して保障しています。そして刑法は第36章から第40章までに，個人的法益としての財産権を保護するため，財産に対する罪を設けているのです。

　財産犯の理解に資するため，最初に財産犯一般についての基本的な事項を説明します。

1　財産犯の種別

　財産犯は，侵害の行為態様により「領得罪」と「毀棄罪」に区別されます。領得罪とは，他人の財産のもつ用益的利益を取得する犯罪であり，毀棄罪とは，他人の財産を用法に従わない破壊的方法等により侵害する犯罪です。次に領得罪に関し，客体の占有移転が必要か否かにより「奪取罪」と「非奪取罪」に区別されます。奪取罪とは，他人の財物に対する占有を奪って自己又は第三者の占有に移す犯罪，非奪取罪とは，奪取に当たらない犯罪を言います。この財産犯の種別をまとめると次頁のようになります。

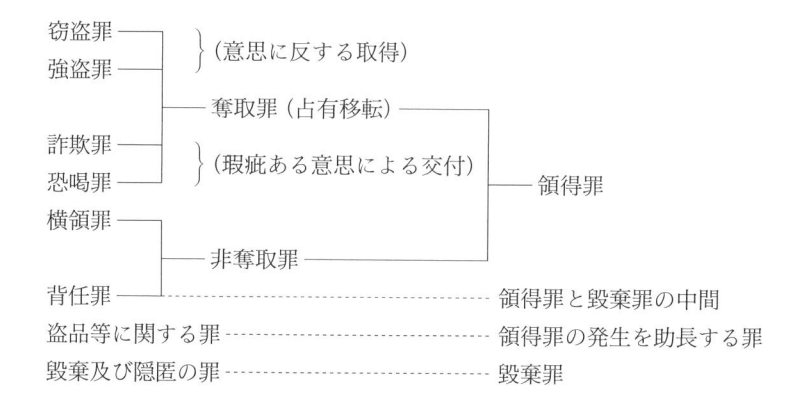

```
窃盗罪  ┐
        ├ (意思に反する取得)
強盗罪  ┘
        ── 奪取罪（占有移転）──┐
詐欺罪  ┐                      │
        ├ (瑕疵ある意思による交付) ├ 領得罪
恐喝罪  ┘                      │
横領罪  ┐                      │
        ├ 非奪取罪 ─────────────┘
背任罪  ┘················· 領得罪と毀棄罪の中間
盗品等に関する罪 ············· 領得罪の発生を助長する罪
毀棄及び隠匿の罪 ············· 毀棄罪
```

2　財産犯の保護法益

財産犯の保護法益については，従前から

- 本権説　保護法益は所有権その他の本権（質権等）とするもの
- 所持説　保護法益は所持（占有）それ自体であるとするもの

の対立がありました。両説の違いは，所有か占有かのどちらを重視するかということになりますが，現代は，社会生活の流動化・複雑化により，所有権を始めとする権利が抽象化し，財物の経済的価値の重点が所有よりも使用収益の方に移るとともに，権利関係が錯綜し，現実の所持と所有権の帰属とが必ずしも一致しない例も多くなり，結局のところ，所持の事実（占有そのもの）を保護する必要性が高くなったということができます。ただ，所持説をそのまま理解しますと，例えば，財物を盗まれた被害者が，後日これを所持する窃盗犯人から取り戻した場合にも窃盗罪が成立することになり，いかにも健全な国民感情に合わない結論になってしまいます。そこで両説の中間説という形で，財産犯の保護法益を「所有権その他の本権が保護法益であることはもとより，刑法上保護に値する占有，すなわち，法律的・経済的利益の裏付けのある占有等も含む。」と考え，妥当な判断を図ることが多くなっています。これによれば前記の窃盗犯人の占有は保護するに値しませんから，窃盗犯人から財物を取り戻した場合は窃盗罪になりません。いずれにしても，本権説，所持説，中間説にかかわらず，具体的事案の解決に当たっては社会通念に従って常識的な判断をすれば良いものと思います。なお，近時の判例

に表れた事例では、譲渡担保に供した自動車の所有権が債務者から債権者に移ったとしても、引き続き使用している債務者のところから債権者がこれを無断で持ち去る行為は窃盗罪に当たるとしたもの、自動車金融をしていた貸主が借主の約定違反等により所有権を取得した後、これを借主の承諾なしに引き上げる行為も窃盗罪に当たるとしたものがあり、事実上の占有を重視する傾向があると言って差し支えありません。

3 財産犯の客体

① 財　物

財産犯の客体として重要な意味をもつのが「財物」です。条文上単に「物」と書かれているもの (252条, 253条) もありますが、同じ意味です。

　ⅰ　財物と有体性

財物については、それが有体物に限られるか、無体物であっても管理可能なエネルギーのようなものも含むか、ということで、「有体性説」と「管理可能性説」との対立がありますが、近時は、無体物であっても人がこれを管理・支配できるものであったら、財物と認めるべきであるとして、判例・通説は「管理可能性説」を採っています。したがって、熱気、冷気、水力であっても管理可能な限り、財物と認められるところ、管理できない電波や人間の労力等は財物に当たらず、単なる事務的管理に服する債権も財物には当たりません。電気に関しては、かって争いがあったため立法的解決が図られ、245条及び同条を準用する251条が設けられて、財物とみなされることになりましたが、管理可能性説の立場からは、この条文は単なる例示規定と解釈することになります。

　ⅱ　財物の財産的価値

財物の概念は、「交換価値」(客観的な経済的価値) を有していれば、価値の大小にかかわらず当然財物とされます。また交換価値がなくても主観的な「使用価値」があるものは、その者にとって特別の利益があることから刑法上の保護に値する限り、財物と認めて差し支えないと思います。ラブレターや使用済みの乗車券はその意味で財物に当たります。

問題となるのは、刑法上の保護に値しない程度の価格僅少のものですが、

この判断は難しく，結局は社会の文化水準にもよると思います。判例の中には，財物性を認めた神社内の木像，石塊がある一方，財物性を否定した外れ馬券，広告用パンフレット，汚損したちり紙数枚などがあります。

iii　財物と情報

コンピュータの普及に伴って発展した情報は，それ自体管理可能とは言い難く，財物とは認められないと思われますが，情報を化体したファイル，フィルム，プリントアウトした用紙などには財物性が認められます。判例は，医薬品製造申請資料等が編綴されたファイル，住民基本台帳閲覧用マイクロフィルム，金融機関の預金残高明細（電磁的記録）を印刷した用紙などを外へ持ち出した事案について，財物と判断して窃盗罪の成立を認めています。

iv　財物と禁制品

禁制品，すなわち麻薬・覚せい剤・けん銃などのように所有・所持が禁止されている物，偽造文書のように適法に行使できない物などが，財物に当たるかどうかは争いがありますが，積極に解されます。判例は，いずれも所持を禁止された隠匿物資の元軍用アルコールをだまし取った行為に詐欺罪を適用し，連合国占領物資を脅し取った行為に恐喝罪を適用し，法律上所有を禁止された密造酒を盗んだ行為に窃盗罪を適用し，それぞれ財物性を肯定しています。

② 財産上の不法の利益

強盗罪，詐欺罪，恐喝罪には，それぞれ各条文1項の「財物」のほか，2項に「財産上不法の利益を得」と定め，これを「不法利得」と呼んで財産犯の客体としています。不法利得の態様には

- 被害者に財産上の一定の処分（債務の免除，債務の履行の延期等）をさせる場合
- 被害者に一定の役務（対価を伴う労働，有償のサービス等）を提供させる場合
- 被害者に一定の意思表示（債務負担の約束等）をさせる場合

などがあります。

4　占有の概念

刑法では，占有という用語を242条，252条，253条，254条の4箇条に用い

ているだけですが，財産犯の保護法益として説明したとおり，「占有」(所持)，さらには「刑法上の保護に値する占有」の概念は，財産犯全般にわたって極めて重要な意義を有していますので，詳論します。

① 支配の事実と支配の意思

「占有」とは，財物に対する事実上の支配を意味し，民法上の占有とは若干異なり，自己のためにする意思（民法180条）は不要であり，他人のために占有する場合も含まれます。他方，代理による占有は認められず，相続等によって当然に占有が相続人に移転するものでもありません。つまり，刑法上の占有とは，客観的な要素として「支配の事実」（財物に対する事実上の支配関係）が存すること，及び主観的要素として「支配の意思」があることを要件とします。支配の事実は，必ずしも握持・監視により物理的・現実的に支配している必要はなく，社会通念上財物が占有者の支配力の及ぶ場所に存在していれば足りると解されます。支配の意思は，支配の事実を補充する程度の意味合いであって不断に明確な積極的意思は不要であり，積極的に財物を放棄する意思を示さない限り，これを有するものと認められます。これまでの判例の趣旨を敷衍して形態別に占有の有無を判断すると，次のようになります。

　　a　現実的に財物を握持・監視する場合，例えば覚せい剤を上着のポケットに隠していた場合は，当然その者に占有があります。
　　b　自宅その他自己が排他的に管理・支配している場所においては，そこに置かれた財物はいちいち認識していなくても当然に包括的な支配意思があり，積極的に支配の意思を放棄していない限り，個々の財物全てについて占有が認められます。例えば，自宅内で所在を見失った財物，銀行の事務室内で事務員が気付かないまま机から落ちた金銭，自分が運転する自家用自動車のトランクに置いたまま忘れていた財物などには占有が認められますし，旅行等で不在の時に配達された財物も配達を受けた者に占有が認められます。
　　c　排他的に支配・管理する場所以外のところでも自己の支配が及ぶと認められる範囲内にある財物は，その場に一時的に置き忘れた場合でも，意識的に置いた場合でも，占有が認められます。例えば，列車やバスに乗るため行列していた者がカメラをその場に置き忘れ，行列の移動とともに距離的・時間的に少し動いたとしても占有は認められますし，駅構内に鞄を忘れたまま僅

かな時間をその場から離れて買物に行ったとしても占有は認められます。同様に深夜街路上に自転車を置いて施錠しないまま食事のためその場から離れたときも，買物の水産品を入れた竹篭に風呂敷をかぶせて道路脇に置き所用のためその場を少し離れときも占有は認められます。時間的・場所的接着性のほか，支配の意思も強く認められる事情があるからです。これに反し，酩酊のため財物を放置して失念し，その所在が分からなくなったような場合の財物は，もはや占有を失ったものと解されます。

d　他人の排他的な支配・管理下にある場所に忘れた物の占有は，その場所の管理者に移ります。例えば，旅館内に客が置き忘れた財布は旅館主の占有，ゴルフ場内のロストボールはゴルフ場管理者の占有になります。しかし，一般人の立入りが自由であって管理者の排他的支配が完全ではない場所に置き忘れた物の占有は，管理者の占有になるとは言い難く，所有者の占有からも離脱した財物として遺失物（占有離脱物）になると解されます。例えば，市役所・大病院等の待合室や駅構内に置き忘れられた物などはこれに当たります。

e　地震・火災・水害等の緊急の場合に公道上に一時的に置いた物は，その災害が収まれば回収されるものですから占有を失うことはありませんし，飼主の手元を離れた犬，猫等も，飼育している飼主のもとに戻る習性がありますから，飼主の占有が続いています。

② **占有の帰属**

財産犯の客体となる財物は，「他人の」財物ですから，占有の帰属は重要な意味をもちます。これまでの判例の趣旨を敷衍して形態別に占有の帰属を判断すると，次のようになります。

a　上下主従間の占有は，下位者が現実に財物を握持・監視していても単なる占有補助者であって独立した占有者ではないので，上位者だけに占有があります。例えば，店員が店主に無断で商品を持ち出せば店主の占有を侵害したとして窃盗罪になりますし，同様に倉庫番が倉庫内の物品を持ち出す行為，自動車運転手として雇われた者が自動車のタンクからガソリンを抜き取る行為なども，上位者（雇主）の占有を侵害したものとして窃盗罪に問われます。

b　委託された包装物の占有は，包装物全体の占有が受託者，在中物の占有が委託者であると解されています。在中物については受託者が自由に支配し得

る状態になっていないとの考えによるものです。例えば，郵便局員が配達中の郵便物を開封しないまま着服したら，占有に係る物を横領したとして業務上横領罪に当たるとする一方，同僚に頼まれて預かった鞄の中から在中品の一部である現金を奪った者は，同僚の占有を侵害したとして窃盗罪に問われることになるのです。ただ，委託された包装物であっても，最初から主たる目的が在中物の取得にある場合には，包装物を着服したときに在中物ともども包装物を一体の物として扱い，窃盗罪の成立を認めて良いケースもあると思います。

c　共同占有の場合，すなわち各人が相互平等の関係で共同して占有するときは，共有物も他の共有者との関係では他人の財物となりますから，これを勝手に自己単独の占有に移せば，共犯者の占有を侵害したということで，窃盗罪になります。

d　人が死亡した場合，占有の意思が消失し，かつ，客観的にも支配の事実がなくなりますから，通常は死者の占有は認められず，死亡者と無関係な者が死体から財物を奪っても窃盗罪にはならず，占有離脱物横領罪に問われるだけです。例えば凍死していた浮浪者から財布を領得しても窃盗罪にはならず占有離脱物横領罪です。しかし最初から財物奪取の目的で人を殺害した後，死体となった被害者から財物を奪った場合は，殺害と奪取を一連の行為と見て，その順序の如何を問わず，被害者の占有する財物を奪ったものと評価し，強盗殺人罪が成立すると解します。この結論については争いがありませんが，問題となるのは，人を死亡させた後に初めて財物奪取の犯意を生じて，被害者から財物を奪った場合です。「死者の占有」を否定して占有離脱物横領罪になるという見解と，「死者の占有」を認めて窃盗罪になるとする見解と，さらに「死者の占有」という観念は否定しながらも被害者が生前有していた占有は，死亡と時間的・場所的に近接した範囲内である限り，なお占有が継続しているとしてこれを保護し，窃盗罪とする見解が対立しています。判例は，被害者の生前有していた財物の所持はその死亡直後においてもなお継続して保護するのが法の目的に適うとして，最後の説を採っています。例えば同棲相手を殺害して死体を海岸に捨てた後初めて金品奪取を思いつき，数時間後に殺害現場に戻って同棲相手の現金・指輪等を持ち去った場合は，その時間的・場所的近接性，第三者の介入し得る機会の乏しさ等を総合的に判断し，被害者の生前の占有が継続していると判断し窃盗罪の成立を認めています。

5 権利行使と財産犯

　法律上，財物又は財産上の利益を得る権利を有する者が，その権利の実行の手段として財産犯を構成すべき行為を行った場合に，いかなる範囲で犯罪が成立するかどうかは，従来から争いがありましたが，判例の趣旨を敷衍すれば次のように解されます。

①　権利行使と詐欺罪

　債権を有する者が，その弁済を受けるために相手方を欺いて財物の交付を受けた場合，権利の範囲内であっても債権回収の手段が社会通念上許されないものであれば，回収した財物の可分・不可分を問わず，超過部分を含めた財物全体につき詐欺罪が成立します。例えば貸付金100万円の債権取立委任を受けた者が，権利行使の手段として社会通念上許容される範囲を超えて損害賠償金も含めて110万円の交付を受けたときは，110万円全体について詐欺罪の成立を認めることになります。同様に水増し請求により保険金を受領した場合も，全体として違法性を帯びていれば保険金全額について詐欺罪が成立することになるのです。

②　権利行使と恐喝罪

　債権を有する者が，その弁済を受けるために相手方を恐喝して財物の交付を受けた場合，権利行使の意図からなされたものであってもその手段・方法が社会通念上許されないものであるときは権利の濫用として違法性を帯び，債権額如何にかかわらず取得した財物全体につき，恐喝罪が成立します。例えば暴力団組織を背景にして執拗な催促を繰り返して取立てを行った場合に時間・場所をわきまえず威迫的言動をしていたなら，債権額の範囲内であっても取立金額全部について恐喝罪の成立を認めることになります。

6 不法原因給付と財産犯

　「不法原因給付」とは，例えば覚せい剤購入資金とか賄賂用の委託金のように法律上許されない行為のために金品等を給付することを言いますが，民事上，この給付者はその物の返還を請求できません（民法708条）。このように法律上返還請求のできない物について財産犯の成立を認めていいのかどうかも従来から争われてきましたが，判例の趣旨を敷衍すれば次のように解さ

れます。

① 不法原因給付と横領罪

横領罪の成立を否定する見解は，民法上返還義務のない受託者に対して，刑罰をもって臨むのは返還を強制する形となって法秩序全体の統一を破るという理由を挙げますが，判例はほぼ一貫して，不法原因給付物であってもその所有権は依然として委託者に留保されており，両者間の委託信任関係は占有原因の適法・不法を問わないとし，横領罪の成立を認めます。例えば賭博開帳のための資金として預かった現金を無断で他に流用した場合，委託者に返還請求権がなくても受託者には横領罪が成立します。

② 不法原因給付と詐欺罪

相手を欺く手段として，不法の原因となる言動を用いて財物を交付させた場合，交付者は不法原因給付として返還請求できませんが，判例は横領罪の場合と同様に一貫して交付を受けた者に詐欺罪の成立を認めています。例えば，紙幣を偽造する意思がないのにその資金として金員を詐取した場合，売春すると偽って前金を受け取った場合，職務権限のある公務員に贈賄すると偽って小切手を詐取した場合などは，いずれも詐欺罪に当たります。

2 窃盗及び強盗の罪（第36章）

1 窃盗罪

235条　他人の財物を窃取した者は，窃盗の罪とし，10年以下の懲役又は50万円以下の罰金に処する。

① 客　体

本罪の客体は，他人の占有する財物です。自己の所有物であっても，他人が占有し又は公務所の命により他人が看守しているものは，他人の財物とみなされます（242条）。

② 行　為

ⅰ　窃取

本罪の行為は,「窃取する」ことであり,その意味は,暴行・脅迫によることなく,占有者の意思に反してその占有を排除し,目的物を自己又は第三者の占有に移すことです。その手段・方法は問いませんので,窃取の手段として偽計的な方法がとられたとしても,人の処分行為に向けられた偽計でなければ,詐欺罪でなく窃盗罪になります。例えば,磁石を用いてパチンコ玉を当たり穴に誘導してこれを取得する行為は,人に向けられた行為でないため詐欺罪に当たらず窃盗罪となりますし,衣料品の店舗で試着したまま店員の隙を見てその場から逃走した場合は,財物の処分を促す行為がないので,やはり詐欺罪ではなく窃盗罪となります。

ⅱ　実行の着手

窃取する行為の実行の着手は,他人の財物に対する事実上の支配を侵害する行為を開始した時ですが,支配を犯すのに密接な行為をした時も含まれると解されます。判例は,窃盗罪の実行の着手につき「物色説」を採り,一般的には,多くのものの中から適当なものを得ようとして探す行為,すなわち「物色行為」を始めた時が実行の着手であるとしていますが,必ずしも物色行為を常に必要とするわけではなく,例えば,深夜店舗内に侵入して店内を懐中電灯で照らしながら金品の置いてある場所に近づいた場合には,その時点で窃盗の実行の着手を認めていますし,窃盗目的で倉庫や土蔵に侵入した場合には,建物の特殊性から物色を始めるまでもなく侵入と同時に窃盗の実行の着手があったと認定しています。ただ,実際にどの時点で実行の着手を認めるかどうかは具体的事案により異なります。例えば,窃盗目的でコンビニ店内に入って食品売場で商品を物色しても,実行の着手とは認め難いでしょうが,車上狙いで停車中の車を覗き込み,ドアガラスの開扉を開始したら実行の着手があったと認めて良いと思います。スリの事案では,スリが財布を取ろうとして被害者の尻ポケットに手を伸ばし内側の財布ではなくポケットの外側に触れた場合でも実行の着手に当たるとするのが判例の立場です。

ⅲ　既遂時期

窃盗の既遂時期は,他人の占有を排除してこれを取得した時ですが,その時期に関し

a　接触説　目的物に手を触れた時とする見解
　b　取得説　目的物を自己又は第三者の占有に移した時とする見解
　c　移転説　目的物を安全な場所に移転した時とする見解
　d　隠匿説　目的物を自由に処分できる状態に隠匿した時とする見解

の四説があります。判例は取得説を採っていますが、「取得」したかどうかは、目的物の形状・占有の形態・犯行場所の状態・窃取の態様等を考慮して具体的に判断されます。万引きでは、商品を買物篭に入れただけでは足りず、レジを通過することなくその外側に持ち出すか、或いはさらに自分の袋に商品を移し替えるかすれば取得したとして既遂になり、その袋を持って店外に出ることまでは要求されないと思われます。

　ⅳ　不可罰的事後行為

　窃盗罪は、既遂に達した後も法益侵害の違法な状態が続いている「状態犯」です。したがって違法状態は窃盗罪の成立により評価され尽くしていますので、その範囲内で窃盗犯人が目的物を処分しても処罰されることはありません。これが「不可罰的事後行為」と言われるものです。例えば窃取した現金を費消しても、財布を捨てても、指輪を破壊・隠匿しても、別罪には問われません。ただ新たな法益侵害がある場合には別罪を構成するとし、判例は、窃取した預金通帳を用いて銀行から預金の払戻しを受けた場合は詐欺罪、窃取したキャッシュカードを使用して現金自動支払機から現金を取り出す場合は窃盗罪が別に成立するとしています。

　③　故意及び不法領得の意思
　ⅰ　不法領得の意思必要説と不要説

　故意犯は、通常犯罪事実の認識認容が必要とされますから、窃盗罪の故意も、他人の占有を排除して財物を自己又は第三者の占有に移すという事実の認識認容が必要です。しかし窃盗罪の領得罪としての本質は、その物に内在している用益権能（所有権の根源的な作用）を奪い、物の支配による経済的利用の機会を失わせることにありますから、他人の持つ物上の経済的利益を排除して自己において利用する意思、すなわち「不法領得の意思」が故意のほかに必要かどうかが、学説上の争点となっているのです。

　判例は、不法領得の意思必要説に立ち、不法領得の意思とは「権利者を排

除して他人の物を自己の所有物として，その経済的用法に従い，これを利用又は処分する意思」と定義し，その上で「永久的にその物の経済的利益を保持する意思であることを要しない。」としています。この立場によれば，経済的用法に従って利用・処分する意思が必要となりますので，単に物を毀棄・隠匿する意思で他人の占有する物を奪っても，不法領得の意思は認められず窃盗罪にはなりません。すなわち不法領得の意思の有無が領得罪と毀棄・隠匿罪とを分けるメルクマールであるとし，例えば，校長が自己の管理する小学校の天井裏に教育勅語謄本を奉置所から取り出して隠匿する行為や，在庫米の俵数のつじつま合わせのため倉庫内の他の米俵から米を抜き取って新俵を作って俵数を揃えた行為は，窃盗罪にならないとしています。ただ不法領得の意思は，永久的に権利者を排除する意思までは必要ないので，仮に一時使用の目的であったにせよ経済的利用の意図で他人の物の占有を奪えば，窃盗罪の構成要件には該当すると解されます。

なお判例は，窃盗罪と同様に横領罪でも不法領得の意思が必要としていますが，横領罪における不法領得の意思を「他人の物の占有者が権限なくして，その物に対して所有者でなければできないような処分をする意思」と定義し，経済的用法に従うことを要件としていないので，窃盗罪における不法領得の意思もそれと同じように解釈することも可能と思われます。このように不法領得の意思の内容に関して若干の違いがありますが，判例・通説は不法領得の意思必要説を採っているのです。他方，主として財産犯の保護法益を所持説で考える立場からは，単に物を毀棄・隠匿する意思であっても他人の占有する物を奪う場合は窃盗罪に当たるとして，不法領得の意思不要説を採る説も有力に主張されています。そこで問題となるのはいわゆる「使用窃盗」です。

ⅱ 使用窃盗

「使用窃盗」とは，例えば，他人の自転車を無断で一時使用した後，元の場所に返還するというように，一時使用後原状のままで直ちに返還する意思をもって他人の財物を自己の占有に移す行為ですが，不法領得の意思不要説からは当然窃盗罪が成立することになるところ，必要説からは窃盗罪の成立に疑問が生じかねません。ただ必要説の立場であっても，権利者を一時的に

せよ排除してその間物の効用を独占するものであれば不法領得の意思を認めて窃盗罪が成立すると積極に解することも可能となります。例えば，判例は乗り捨ての意思で自転車を自転車置き場から持ち出した行為，元の場所に戻す意思で自動車を数時間にわたって乗り回した行為，会社の機密書類を持ち出してコピーしてから書類を元の場所に戻した行為，複写目的で機密情報が編綴されたマイクロフィルムを持ち出して数時間後に返戻した行為などは，不法領得の意思ありとして窃盗罪の成立を認めています。ただ，その得喪される利益の比較，特に失われる利益が極めて微少なときは，行為が構成要件に該当しても違法性の有無が問われ，窃盗罪が成立しない例も多いと思われます。例えば，隣席の人の消しゴムを無断で借用して暫くしてから返却する行為などはこれに当たります。

④　罪数及び他罪との関係

本罪の個数は被害者の数を基準にせず，窃取行為の数，すなわち占有侵害の数を基準に考えるべきであり，一個の行為で多数の財物を窃取した場合にはそれが複数の人の所有に係るものであっても，窃盗罪の個数は一個です。日時・場所等を変えた窃取行為があれば，窃取行為の数だけ窃盗罪が成立することになります。

窃盗罪は，住居侵入罪と一緒に敢行される例が多く，客観的に見ると両罪は目的と手段の関係になりますから，牽連犯として処断されます。

⑤　略式手続

従前，窃盗罪は罰金刑による矯正は困難であるという理由でその定めがなく懲役刑だけであったため，起訴されれば全て正式裁判で審理され，懲役刑（実刑又は執行猶予付き）が言い渡されることになっていましたが，選択刑として罰金刑の定めができた後は，迅速な書面審査による略式手続で罰金刑が言い渡される例が多くなっています。

2　不動産侵奪罪

235条の2　他人の不動産を侵奪した者は，10年以下の懲役に処する。

本罪の客体は，他人の不動産であり，行為は，侵奪することです。判例に

現れた事例としては，他人の土地を不法に占拠して住宅や店舗を建てた事案，公共の公園予定地の一部に無権限で簡易建物を建築した事案，土地利用権を有する者がその利用権限を超えて土地上に大量の廃棄物を堆積させ容易に原状回復ができないようにした事案，使用貸借に係る土地の無断転借人が土地上の簡易施設を改造して本格的な店舗を築造した事案などがあり，いずれも不動産侵奪罪が成立すると判断されています。

3 強盗罪

236条 ① 暴行又は脅迫を用いて他人の財物を強取した者は，強盗の罪とし，5年以上の有期懲役に処する。
② 前項の方法により，財産上不法の利益を得，又は他人にこれを得させた者も，同項と同様とする。

① 客 体

本罪の客体は，財物又は財産上不法の利益であり，財物の場合が1項強盗であり，財産上不法の利益の場合が2項強盗（又は強盗利得罪と言います。）です。

② 行 為

本罪の行為は，「暴行・脅迫を用いて」他人の財物を「強取する」又は「財産上不法の利益を得る」ことです。

　i　暴行・脅迫

手段としての暴行・脅迫は，いずれも最狭義の意味の暴行・脅迫であり，相手方の反抗を抑圧する程度に強いものでなければなりません。その程度に至らない暴行・脅迫ならば財物を交付させても恐喝罪であり，強盗罪にはなりません。つまり強盗罪における暴行・脅迫は，それが社会通念上一般に被害者の反抗を抑圧するに足りる程度のものであるかどうかを客観的に判断し，その程度であれば実際に相手方が反抗を抑圧されることまでは必要なく強盗罪が成立すると解されます。例えば，目の不自由な相手に無言でけん銃を突きつけた場合のように相手が暴行・脅迫されたことを意識していなくても本罪の暴行・脅迫に該当しますし，豪胆な相手であったため通常人なら反抗を抑圧される程度の暴行・脅迫があったのに一向に動じなかった場合でも，本

罪の暴行・脅迫に当たります。ところで，暴行は物に加えられた有形力であってもそれが人に向けられたものであれば良いので，深夜歩行中又は自転車で帰宅途中の女子の背後からいきなりハンドバッグを引っ張って転倒させ，ハンドバッグを離さない女子を引き摺るなどした上で奪い取った行為は，女子の反抗を抑圧するに足りる暴行を加えたものとして，強盗罪の成立を認めることができます。

　ii　実行の着手

　強盗の実行の着手は，財物強取の目的又は財産上不法の利益を得る目的で，被害者の反抗を抑圧するに足りる暴行・脅迫を開始したときです。したがって，強盗するつもりで他人の住居に侵入して室内を物色したが，高価な物品がなかったため何も取らずに逃走した場合は，窃盗の実行の着手はありますが，強盗の実行の着手はないので，窃盗未遂罪となっても強盗未遂罪にはなりません。

　iii　強取・不法利得

　　ア　強取（1項強盗）

　強取とは，暴行・脅迫により相手方の反抗を抑圧して財物を自己又は第三者の占有に移すことを言い，通常は被害者から財物を奪取する態様が多いことになりますが，反抗を抑圧された被害者から交付を受けた場合でも，反抗を抑圧された被害者の気が付かない間に目的物を奪った場合でも強取に当たり，強盗罪が成立します。

　一般的には，犯人の暴行・脅迫による反抗抑圧と財物奪取の間に因果関係が必要と解されていますが，暴行・脅迫と強取とは前後関係を問わず被害者の反抗が抑圧された状態における財物の奪取と認められれば，強盗罪になると解されています。例えば，強盗目的で先ず被害者の財物を奪った後，被害者に暴行・脅迫を加えて財物を確保する場合は，238条の事後強盗罪ではなく単純な強盗罪に当たるのです。これに似た例としていわゆる「居直り強盗」があります。居直り強盗とは，当初窃盗の目的で財物の窃取を図り，財物を完全に確保しないうちに発覚したため居直って強盗の犯意をもち，財物確保のため暴行・脅迫を加えて財物を奪う場合のことですが，これも事後強盗ではなく強盗罪となります。

また、暴行・脅迫が当初強取の目的ではなく、強姦・強制わいせつ等の目的によるものであったとしても、抗拒不能の状態に陥った被害者から財物を奪取した場合は、強盗罪が成立するとされています。

　イ　不法利得（2項強盗）
　不法に財産上の利益を得、又は他人にこれを得させることが「不法利得」であり、財産上の利益を不法に取得すれば足り、財産上の利益そのものが不法である必要はありません。
　不法利得に際して、被害者の「処分行為」が必要かどうかに関しては争いがあります。被害者が一定の意思表示をしなければ債務を免れたり、債務を負担したことにならないから、被害者の処分行為は必要であるという見解と、反抗抑圧状態により被害者が意思表示をすることができない例も多いから処分行為は不要であるとする見解が対立していますが、判例は不要説を採っています。例えばタクシー強盗の事案で、料金の支払を免れるため運転手に暴行・脅迫を加えて支払わずに逃走した場合、料金の支払債務は残ったままですが、運転手による処分行為（料金請求の放棄）は不要として強盗罪の成立を認めているのです。

　ⅳ　既遂時期
　1項強盗は、財物に対する被害者の占有を排除して財物を自己又は第三者の占有に移したときが既遂です。窃盗罪における取得説とほぼ同様ですが、暴行・脅迫を手段としている点で、取得の時期が窃盗罪より少し早くなるかも知れません。例えば、暴行・脅迫した上で被害者から鞄を取り上げた直後、隙をつかれて被害者から鞄を取り戻された場合でも、強盗未遂罪ではなく、強盗の既遂罪が成立すると判断されます。
　2項強盗は、暴行・脅迫によって財産上不法の利益を得たと認められる状態が生じたときに既遂になります。

　③　故　意
　本罪の故意は、暴行・脅迫を加えて相手方の反抗を抑圧し、その財物を奪取すること（財産上不法の利益を得ることを含み、以下同じです。）の認識認容が必要です。
　強盗罪も窃盗罪と同じく領得罪ですから、不法領得の意思を必要とします。

例えば，撮影されたフィルムを抜き取るために暴行・脅迫を加えてカメラを強取した者が，フィルムを抜き取った後にカメラを返還した場合，カメラに対する不法領得の意思がなければカメラに対する強盗罪は否定されますが，不法領得の意思が認められればフィルムのみならずカメラに対しても強盗罪が成立します。一時的にせよ権利者を排除して自己の所有物のように支配し処分する意思があったと認定できれば，カメラに対する強盗罪の成立を認めて良いと思います。

なお，強盗罪と窃盗罪は奪取罪として共通する面が多いので，共犯の錯誤が問題になる例が少なくありません。

> **刑法総論の学習事項㉑**
> **―共犯の錯誤（強盗罪）―**
>
> 例えば，A・B二人が窃盗を共謀して他人の住居に侵入し，Aが1階で財物を窃取し，Bが2階でそこに居合わせた家人に暴行・脅迫を加えて財物を強取した場合，Aには窃盗の故意しかなかったところ，実際には強盗の結果が発生したので，抽象的事実の錯誤として法定的符合説により，構成要件的に重なり合う限度で，Aには窃盗罪が成立し，Bの強盗罪と共同正犯になると解されます。この理はAが窃盗の教唆をしたところBが強盗罪の行為に及んだ加担犯の場合であっても同様で，Aは窃盗罪の教唆犯になります。

④ 他罪との関係

強盗罪と窃盗罪の関係は微妙ですが，財物を窃取した後同一場所で更に被害者に暴行・脅迫を加えて財物を強取した場合は，強盗罪一罪で処断しますし，窃取した後更に暴行・脅迫に及んだものの財物奪取に至らなかった場合は前段階の窃盗罪を吸収して強盗未遂罪一罪で処断することになると思います。ただ旅館内で宿泊客の財物を窃取した後，帳場に行って主人を脅して財物を強取した場合は時間・場所が異なっているので，窃盗罪と強盗罪が成立して併合罪になります。

強盗罪と住居侵入罪の関係は，窃盗罪の場合と同様に牽連犯となります。
強盗犯人が女子を強姦すれば強盗強姦罪（241条）になりますが，強姦をし

た後に初めて強盗の犯意を生じ，相手の畏怖状態に乗じて財物を強取した場合は，刑法に強姦強盗罪の規定がないので，強姦罪と強盗罪の併合罪になると解されています。

4 強盗予備罪

237条 強盗の罪を犯す目的で，その予備をした者は，2年以下の懲役に処する。

本罪の行為は，強盗するため凶器を携えて目的地に向けて出発する行為や，凶器を買い求めてこれを携帯しながら現場付近を徘徊する行為などがこれに該当します。

ところで，本罪の「強盗の罪を犯す目的」には，事後強盗を目的とする場合も含むと解されていますので，仮に窃盗に着手して咎められた場合に逮捕を免れるための暴行用として凶器を用意していたものとしても，本罪は成立します。

予備罪の中止未遂の問題点については，殺人予備罪のところで説明したとおりです。

5 事後強盗罪

238条 窃盗が，財物を得てこれを取り返されることを防ぎ，逮捕を免れ，又は罪跡を隠滅するために，暴行又は脅迫をしたときは，強盗として論ずる。

① 意　義

窃盗犯人が，財物を確保し，逮捕を免れ，罪証を隠滅するという目的で暴行・脅迫に及ぶということは，刑事実務上しばしば見られる行為であり，これらは全体的に観察すると強盗罪と同視し得る違法性があるため，強盗罪と別に独立した罪として刑法に規定されました。同様の理由で次条に昏睡強盗罪が定められていますが，事後強盗罪と昏睡強盗罪を併せて「準強盗罪」と総称しています。

② 主　体

本罪の主体は，窃盗犯人であり，窃盗の実行に着手した者という身分犯です。したがって，泥酔して電車内で眠っている乗客から財布を窃取する目的

でその乗客に近寄っていったところ、目を覚ました乗客が大声で叫んだためその顔面を殴って逃走した場合は、窃盗の実行の着手がありませんから、本罪は成立せず、暴行罪に問われるだけであり、致死傷の結果が生じても強盗致死傷罪ではなく傷害罪又は傷害致死罪が成立することになります。

なお、窃盗犯人には窃盗の既遂犯も未遂犯も含まれますが、条文から分かるように、「財物を得てこれを取り返されることを防ぐため」の場合は既遂犯人に限定され、「逮捕を免れるため」と「罪証を隠滅するため」の場合は未遂犯人、既遂犯人のどちらでも良いことになります。

③ 行 為

本罪の行為は、前記の目的をもって暴行・脅迫を加えることですが、その程度は、強盗罪と同様に、相手方の反抗を抑圧する程度と解されます。逮捕を免れるために相手の手に嚙みついたり、凶器を示して相手の気勢をくじいたり、顔面を拳骨で殴打したりすれば、反抗を抑圧する程度の暴行・脅迫と認められ、本罪が成立します。

暴行・脅迫は、「窃盗の現場」又は「窃盗の機会の継続中」に行われることが必要ですが、その相手方は被害者本人に限らず、近くにいる者や逮捕しようとする警察官であってもかまいません。ところで窃盗の現場とか窃盗の機会の継続中と言っても、その判断は難しく、具体的なケースで判断するしかありませんが、時間的・場所的接着性のほか、窃盗犯人が被害者側の追跡から一応離脱した状況に至ったかどうかが、判断の基準になると思います。例えば、窃盗犯人が被害者方の屋根裏に潜んでいたところ、一時間後に帰宅した家人の通報により約三時間後に駆け付けた警察官によって発見されたため、警察官に暴行を加えた事案について、判例は窃盗の機会継続中として事後強盗罪の成立を認めています。

本罪の既遂時期は、被害者が人身的な傷害等の被害を被らない限り、奪取罪としての財物の取得が重要なので、先行行為である窃盗の既遂・未遂に応じて、本罪の既遂罪・未遂罪が成立すると解されています。したがって本罪の未遂罪というのは、窃盗の未遂段階において、逮捕を免れるため、又は罪証を隠滅するために暴行・脅迫を加えたものの財物を奪うに至らなかった場合にのみ成立することになります。

④　他罪との関係

本罪が成立すれば，窃盗罪・窃盗未遂罪は本罪に吸収され，別罪を構成しません。

本罪の犯人は事後強盗であっても強盗罪と同じく強盗犯人ですから，暴行の結果，人を負傷させたり死亡させたりした場合は，強盗致傷罪，強盗致死罪が成立することになり，本罪はこれに吸収されます。

6　昏睡強盗罪

239条　人を昏睡させてその財物を盗取した者は，強盗として論ずる。

本罪の行為は，人を昏睡させてその財物を取ることであり，その態様は暴行・脅迫により人の犯行を抑圧した場合に匹敵するので，前条同様に強盗として責任を問うというものです。

7　強盗致傷罪，強盗致死罪，強盗傷人罪，強盗殺人罪

240条　強盗が，人を負傷させたときは無期又は6年以上の懲役に処し，死亡させたときは死刑又は無期懲役に処する。

①　意　義

本条は，刑事実務上，強盗の機会にはとかく致死傷の結果を生じさせる残虐な行為が伴い易いので，強盗罪の加重類型として規定されたものですが，この規定の中には，本罪の成立に致死傷の認識を必要としない結果的加重犯としての「強盗致傷罪」，「強盗致死罪」のほか，傷害の故意又は殺人の故意（殺意）がある場合の故意犯としての「強盗傷人罪」，「強盗殺人罪」を含むと解されています。

本条の各犯罪はいずれも，実務上頻繁に発生する重罪であり，裁判員裁判の対象事件です。

②　主　体

本条の罪の主体は，強盗犯人です。強盗罪はもちろん準強盗罪（事後強盗罪と昏睡強盗罪）の犯人を含みますし，強盗の実行に着手していれば，強盗の罪が未遂であるか既遂であるかは問いません。したがって，窃盗の実行に着

手して財物を奪取しないうちに家人に発見された窃盗犯人が，逮捕を免れるため暴行・脅迫を加えて相手に致傷の結果を生じさせた場合は，本条の強盗致傷罪に当たります。

③ 行　為

本条の罪の行為は，人を負傷させ，又は死亡させることです。

致死傷の結果に因果関係が必要なことは言うまでもありませんが，致死傷の結果が，強盗の手段である暴行・脅迫から生じたことを要するかどうかについては争いがあります。

判例は，致死傷の結果は必ずしも強盗の手段である暴行・脅迫から生じたことを要せず，単に「強盗の機会」になされた行為から致死傷の結果が発生したことで足りると判断しています。例えば，逃走しようとした強盗犯人が被害者の追跡を受けたため，少し逃走したところで振り向きざまに被害者の腹部を日本刀で突き刺して死亡させた場合や，タクシー内で運転手にけん銃を突きつけて金を要求した犯人が，そのままタクシーを走らせて交番前まで運転した運転手に対して逃走するため頭部を殴打して負傷させた場合などは，強盗の機会における致死傷であるとして本条の罪を適用しています。

しかしながら，致死傷の結果が広い意味の「強盗の機会」であるとしても，少なくとも被害者に対する暴力行使の意図及び行為がなければ，本条の罪は成立しないとも考えられます。強盗犯人が現場から立ち去るときに，誤って布団で寝ていた乳児を踏みつけて死傷させた場合や，強盗の現場で共犯が仲間割れを起こして他の共犯者を殺傷させた場合などは，本条の罪の成立を否定すべきものと思います。

なお，行為と結果との間に因果関係が必要なことは言うまでもありません。例えば強盗犯人が自分への追跡をあきらめさせるため凶器を振り上げて被害者を脅したところ，その場から被害者が一目散に逃走する途中，転倒して致死傷の結果が生じた場合は，因果関係の有無を検討した上でこれを肯定し強盗致死傷罪を認めるのが一般的であると思います。

強盗致死傷罪は，共犯で犯行が行われることが多いので，共犯に関する問題も少なくありません。

刑法総論の学習事項㉒
―結果的加重犯と共犯の錯誤（強盗致死傷罪）―

　結果的加重犯の共同正犯は、基本行為について共謀があれば、たとい共謀の範囲を超えて一定の重い結果が生じたとしても、因果関係が認められれば、共謀者全員に重い結果の結果的加重犯が成立すると解されています。例えば、A・B二人が強盗を共謀して他人の住居に侵入し、Aが1階で財物を窃取し、Bが2階でそこに居合わせた家人に暴行・脅迫を加えて財物を強取した場合は、当然のことながら共謀の内容に従ってA、B二人とも強盗罪の共同正犯になりますが、Bの暴行によって家人が受傷した場合は、Bに強盗致傷罪が成立することはもとより、Aにも強盗の共謀があったわけですから、結果的加重犯としてAも強盗致傷罪の共同正犯に問われます。致死の結果が生じた場合でも同様に強盗致死罪の共同正犯になると解されます。

　しかし、Bが家人に対して咄嗟に殺意をもって殺害してしまった場合は、Bに強盗殺人罪が成立しますが、Aの共謀の内容は強盗ですから、強盗の故意で強盗殺人の結果が発生した抽象的事実の錯誤としてとらえ、法定的符合説により、Aには構成要件的に重なり合う限度で、結果的加重犯である強盗致死罪の責任を問うほかないと思われます。仮にA・B二人の共謀内容が窃盗であった場合は、Aには窃盗罪、Bには強盗殺人罪が成立して共同正犯になると解されます。

刑法総論の学習事項㉓
―承継的共犯の成否（強盗致死傷罪）―

　承継的共同正犯の成否は、犯行の途中から加担した「後行行為者」に対し、「先行行為者」の行為及びこれによって生じた結果の犯罪全部について、その加担者に責任を問うことができるかどうかという問題ですが、先行行為者の行為等を認識した上でこれを自己の犯罪遂行の手段として利用したと認められる場合には、後行行為者にも加担前の行為・結果について責任を問い得るとする「限定的肯定説」の立場によって解決を図るのが妥当と思われます。例えば、強盗致傷罪において先行行為者の暴行・脅迫に

> より傷害の結果が生じた後に財物奪取のみに関与した後行行為者に対しても，事情によって強盗致傷罪の共同正犯を認めることがあり得ますし，強盗殺人罪において先行行為者が被害者を殺害した後に加わって財物奪取を幇助した者に対しても，諸般の事情を考慮し，共同正犯は認め難いとしても強盗殺人罪の幇助犯を認めることは可能と解されます。

④ 強盗殺人罪の検討

本条（240条）に，強盗犯人が殺意をもって人を殺害した場合の強盗殺人罪が含まれるかどうかについては見解が分かれており，本条は結果的加重犯を定めた規定であるから条文上強盗殺人罪は存在せず，その場合は強盗致死罪と殺人罪の観念的競合，又は強盗罪と殺人罪の観念的競合になるとする少数説がありますが，判例・通説は，本条には故意犯としての強盗殺人罪が含まれており，本条後段のみを適用し，強盗殺人罪に問うことができると解しています。その理由とするところは次のとおりです。

- 本条には，結果的加重犯の常套用語である「よって」という文言が使用されていない。
- 強盗の機会に致死傷の結果を伴う残虐な行為が行われることが多いところ，本条がその典型的な強盗殺人罪を特に排除しているとは考え難い。
- 243条は本条の未遂を罰するとしているが，結果的加重犯に未遂というのは考えられないので，本条の未遂とは強盗殺人罪が含まれていることを念頭に置いている。
- 本条の法定刑は，極めて重く，強盗殺人罪を含んでいると考えられる。

8 強盗強姦罪，強盗強姦致死罪

241条　強盗が女子を強姦したときは，無期又は7年以上の懲役に処する。よって女子を死亡させたときは，死刑又は無期懲役に処する。

前段が強盗強姦罪，後段が強盗強姦致死罪であり，いずれも犯罪の主体は強盗犯人，行為は強姦することで，準強姦も含まれます。また強姦行為は強盗の機会になされたことを要します。強盗犯人が主体となる罪ですから，強姦犯人が強姦後に強盗の犯意を生じて財物を強取した場合は，強盗強姦罪で

はなく，強姦罪と強盗罪の併合罪になります。

　強盗強姦罪は，強盗罪と強姦罪の結合犯であり，本罪が成立すれば強盗罪，強姦罪は吸収され別罪を構成しません。また未遂罪の処罰規定（243条）がありますが，強盗強姦未遂罪は，強姦が未遂に終わった場合であり，強盗の既遂・未遂は問いません。強姦が既遂になれば強盗が未遂であっても，強盗強姦罪の既遂罪となります。

　強盗強姦致死罪は，強盗強姦罪の結果的加重犯であり，致死の結果は姦淫行為又はその手段としての暴行・脅迫から生じたものであることを要します。

　ところで，この強盗強姦致死罪は条文上，前記240条後段とは異なり，殺意のある場合を含まないことが明らかですし，刑法には強盗強姦殺人罪の定めがないので，強盗強姦の犯人が殺意をもって女子を殺害した場合は，強盗強姦罪と強盗殺人罪の観念的競合とするのが判例の立場です。なお，強盗犯人が女子を強姦して傷害を負わせた場合の規定もないので（強盗強姦致傷罪の定めなし。），この場合には強盗強姦罪のみが成立し，傷害の結果が生じたことは裁判の時の重要な量刑事情として考慮すれば足りると解されています。

　本条の罪も極めて重い罪であり，裁判員裁判の対象事件となっています。

|他人の占有等に係る自己の財物|
　242条　自己の財物であっても，他人が占有し，又は公務所の命令により他人が看取するものであるときは，この章の罪については，他人の財物とみなす。

　自己の財物であっても他人の財物とみなす旨の規定であり，この規定は，251条で詐欺及び恐喝の罪（第37章）に準用されていますし，252条2項で横領の罪（第38章），262条で毀棄及び隠匿の罪（第40章）にも，ほぼ同様の類似規定が置かれています。

　「他人の」財物というのは，保護法益のところで説明したように，所有権その他の本権はもとより，刑法上保護に値する占有，すなわち法律的・経済的利益の裏付けのある占有が「他人」にある財物と解されますから，本条等の定めは，その当然の理を明らかにしているにすぎないのです。

|未遂罪の処罰規定|
　243条　第235条から第236条まで及び第238条から第241条までの罪の未遂は，罰する。

財産犯は，未遂罪の処罰規定があるものとないものとに分類できます。

窃盗及び強盗の罪に関しては，強盗予備罪を除いたその他の罪全てに未遂罪が適用されます。

このうち240条の強盗致死傷罪については，結果的加重犯である強盗致死罪と強盗致傷罪が除かれ，既遂形態の強盗傷人罪にも未遂罪は成立しませんから，結局240条で未遂罪が処罰されるのは強盗殺人罪だけとなります。また241条は，後段の強盗強姦致死罪が結果的加重犯ですから未遂罪は成立せず，結局未遂罪が処罰されるのは前段の強盗強姦罪のみと解されます。

9 親族間の犯罪に関する特例

244条 ① 配偶者，直系血族又は同居の親族との間で第235条の罪，第235条の2の罪又はこれらの罪の未遂罪を犯した者は，その刑を免除する。
② 前項に規定する親族以外の親族との間で犯した同項に規定する罪は，告訴がなければ公訴を提起することができない。
③ 前2項の規定は，親族でない共犯については，適用しない。

① 親族間の犯罪に関する特例

本条1項の規定が，従来「親族相盗例」と呼ばれた親族間の犯罪に関する特例です。この条文の特例は，窃盗及び強盗の罪のうち，暴行・脅迫を伴う強盗に関する罪を除いて，窃盗罪と不動産侵奪罪に親族相盗例が適用されるとしたものです。さらにこの特例は，251条で詐欺及び恐喝の罪（第37章），255条で横領の罪（第38章）にも準用されており，盗品等に関する罪（第39章）には，257条にほぼ同様の規定が置かれています。

この特例は，親族間の内部的な問題はそれが犯罪であっても，国が介入することは差し控え，先ず親族間の情誼による適切な判断に委ねることが秩序維持のために望ましいという思想から設けられたものです。

② 親族関係の範囲

親族の定義は，民法725条〜729条で明らかですが，この特例が適用されるのは，そのうちの配偶者，直系血族，同居の親族だけであり，内縁関係の者は配偶者に含まれませんし，区画が設けられた住居で生計を別にしている親族は同居の親族には当たりません。なお，自然血族（実の親子関係）も法定血

族（養子縁組の親子関係）も直系血族として同じであり，これらの身分関係は犯罪時を基準として判断されます。

ところで，この特例に定める親族関係が犯人，所有者，占有者の三者間で，誰と誰の間に存在すればいいのかということが従来争われてきましたが，判例は，犯人と財物の占有者及び所有者の三者間それぞれに前記の親族関係が必要と判断しています。例えば犯人が同居の親族の占有する財物を窃取したときでも，その財物の所有者が親族ではなかった場合，親族相盗例は適用されないことになるのです。

③ 刑の免除

この特例により，犯人は刑が免除されることになりますが，その理由に関し判例は，犯罪そのものは成立するところ，親族という身分の存在のために処罰が一身的に免除されるにすぎないとして「人的処罰阻却事由説」を採っています。したがって，この特例の適用に当たっては，親族関係が客観的に存在するか否かの事実だけが重要となり，親族関係に関する錯誤は故意犯の成否に関係ないことになります。つまり，実父の占有・所有する財物と思って窃取したところ，実はその財物の所有者が第三者であった場合には窃盗罪が成立することになるのです。

④ 特例の適用除外

外形的に，親族間の犯罪に関する特例に該当するような場合であっても，弱者保護の観点から適用を認めないという事例もあります。例えば判例は，両親がいない未成年者の後見人になった祖父母（直系血族）又は同居する叔父・叔母（同居の親族）が未成年者の財産を勝手に使って横領した場合，後見人の公的性格等を考慮すれば親族相盗例は適用されないと判断しています。

⑤ 親告罪

本条2項は「親告罪」の定めですが，親告罪の詳細は，強制わいせつ及び強姦の罪（第2章の2）で説明したとおりです。

電気の財物性

245条　この章の罪については，電気は，財物とみなす。

この規定は，管理可能性説の立場によれば，当然の例示的規定になります。

3　詐欺及び恐喝の罪（第37章）

　詐欺罪及び恐喝罪は，「瑕疵ある意思」に基づく占有の移転を内容としている領得罪です。民法では96条１項に「詐欺又は強迫による意思表示は取り消すことができる。」と規定し，財産の交付自体は自分の意思であっても，その意思決定において欠陥（錯誤とか畏怖等）があった場合を「瑕疵ある意思表示」と呼んで，取り消すことができるとしています。

　本章には詐欺罪及び恐喝罪のほか，背任罪の規定がありますが，それは相手からの信用を利用して財産的利益を得ようとする点で詐欺罪と類似点があるからと思われます。しかし背任罪の本質は背信行為によって財産権を侵害する犯罪であって奪取罪ではなく，領得罪という一面のほか財産毀棄罪という面もあるので，非奪取罪の横領罪ともども次の項で説明します。

1　詐欺罪

246条　①　人を欺いて財物を交付させた者は，10年以下の懲役に処する。
　　　　②　前項の方法により，財産上不法の利益を得，又は他人にこれを得させた者も，前項と同様とする。

①　客　体
　本罪の客体は，財物又は財産上不法の利益であり，１項が財物，２項が財産上の利益と区別されており，財物の場合が１項詐欺（罪），財産上不法の利益の場合が２項詐欺（罪）と呼ばれています。

②　行　為
　本罪の行為は，「人を欺いて」，１項詐欺が「他人の財物を交付させる」，２項詐欺が「財産上不法の利益を得る」又は「他人に得させる」ことです。
　　i　人を欺く行為（従来は「欺罔」行為と呼んでいました。）
　人を欺くとは，人を錯誤に陥らせるような行為をすることであり，その手段・方法に制限はありません。言葉や態度・動作，文書その他どんな方法でも良く，積極的に虚偽の事実を告げて相手方を錯誤に陥れる方法のほか，支払う意思がないのに支払うかのような態度でサービス等の提供を受ける無銭

飲食，無線宿泊，無賃乗車の場合も人を欺く行為になります。また，既に錯誤の陥っている者に対して違法に真実を告げないままその状態を継続させたり又は利用したりする場合も，人を欺く行為と言うことができます。ただ，この場合は真実を告知する義務があるかどうか，すなわち「告知義務」があるかどうかがポイントになります。一般の取引において当事者は自己に不利益な事実を全て相手方に告知する義務はありませんから，取引上の信義誠実の原則に反しない程度のものであれば，違法性はなく，詐欺罪の予定している人を欺く行為とは認められないことになります。

　ⅱ　錯　誤

　人を欺くとは，相手方に錯誤を生じさせるということですが，この錯誤は，財産的処分行為をすることを動機付けるものであれば足り，民法上の要素の錯誤（民法95条）である必要も，取り消し得べき行為（民法96条）である必要もありません。

　ⅲ　実行の着手

　実行の着手の時期は，行為者が財物又は財産上の利益を得る意思で，人を欺く行為を開始した時です。人を欺く行為があれば，相手方が錯誤に陥ったかどうかは問いません。火災保険金詐欺の事案では，家屋に放火しただけでは詐欺罪の実行の着手は認められず，保険会社に保険金支払の請求をしたときに詐欺罪の実行の着手があったと解され，それ以上に保険会社が錯誤に陥ること，保険金が支払われることまでは不要です。

　ⅳ　財物の交付（従来は「騙取」と呼んでいました。）（1項詐欺）

　財物を交付させるとは，人を欺く行為によって錯誤に陥らせた相手方からその財産的処分行為により財物の占有を取得することです。

　つまり，詐欺罪は，人を欺く行為（欺罔）→錯誤→財産的処分行為による財物の交付（騙取）という構成要件要素によって成り立っており，これらに因果関係（因果的連鎖）があるということが詐欺罪の既遂罪が成立する要件となります。相手方の意思に反して財物を奪取する窃盗罪・強盗罪と違い，詐欺罪では「財産的処分行為」が必要ということに本質的な特徴があります。したがって，人を欺く行為が財産的処分行為に向けられたものでないときは，詐欺罪に当たりません。例えば，通行人に「流れ星がきれいですよ」と偽っ

て空を見上げさせた隙に財物を取得しても，或いは家庭の主婦に「あなたのご主人が喫茶店で待っていますよ」と嘘を付いて主婦を外出させ，その隙に財物を取得しても，詐欺罪にはならず窃盗罪に問われることになります。また財産的処分行為が必要ということは，行為者にその処分をなし得る能力が必要ですから，財産的処分行為に向けて欺く行為をしたとしても相手が意思能力を欠く幼児や精神障害者であったなら，やはり詐欺罪は成立せず，窃盗罪に問われます。

　ところで，詐欺罪では通常欺かれた者と財産上の被害者は同一人ですが，場合によっては異なる例もあり，必ずしも被害者自身が欺かれる必要はないとされています。欺かれた者に被害者を通してその財産を処分させ得る権能又は地位があればいいからです。この点に関し「訴訟詐欺」が問題となりますが，判例は詐欺罪になると解しています。当事者主義を採る民事裁判において，虚偽の証拠を提出したりして裁判所から勝訴判決を得た上で敗訴者の財産を強制執行するという形態の詐欺ですから，裁判所を欺いて，被害者である敗訴者に財産を処分させるという構成になるのです。

　なお，クレジットカードの不正使用は，欺かれる者が加盟店の店員で，最終的に被害を受けるのがカード会社になるというシステムですが，判例は，加盟店が欺かれて商品を交付した被害者であるという構成で1項詐欺が成立するとしています。

　　ⅴ　不法利得（2項詐欺）

　不法に財産上の利益を得，又は他人にこれを得させることが「不法利得」ですが，被害者の処分行為が必要不可欠です。

　無銭飲食や無銭宿泊で，代金を支払わずに隙を見て逃走した場合は，被害者の処分行為がないので2項詐欺には当たりません。

　　ⅵ　財産上の損害

　詐欺罪は背任罪と異なり，条文の規定からは「財産上の損害」の発生が要件としては定められていません。すなわち詐欺罪は財物を交付させることで足り，個別的財産に対する罪という要素が強いわけですが，単なる財物の移転である窃盗罪とは異なり，欺いた結果であっても何らかの対価や利益の移転が伴っていることもないとは言えないので，詐欺罪にも財産上の損害の発

生が必要ではないかという見解も出てくるわけです。しかし判例は消極説を採り，個別財産の喪失自体が損害であるとして，犯人が価格相当額乃至それ以上の対価を提供している場合でも詐欺罪が成立するとしています。

③ 既遂と未遂

1項詐欺は，財物の交付を受けた時，2項詐欺は，財産上不法の利益を取得した時，又は他人に取得させた時に，それぞれ既遂になります。

ところで，欺く行為を開始したものの相手が錯誤に陥らなかったときや，錯誤に陥ったものの相手が財産的処分行為をしなかったときは，実行に着手してこれを遂げなかったものとして，当然詐欺罪の未遂罪となりますが，錯誤に陥らなかった被害者が犯人に同情するなどの別の理由から財物を交付して財産的処分行為に及んだ場合にも，因果関係がないとして未遂罪で処断することになります。

④ 国家的法益の侵害と詐欺罪の成否

国家的法益に向けられた詐欺罪は，個人的法益の侵害を本質とする詐欺罪の予想するところではないとして犯罪の成立を否定する見解もありますが，判例は，国家的法益を侵害する場合でも，同時に財産権を侵害するものである以上は詐欺罪が成立するとしています。例えば，配給物資の不正受給，生活保護費の不正受給，税金の不正還付請求による還付金受領，国民健康保険被保険者証の不正取得などの場合は，詐欺罪の成立が認められます。

⑤ 罪数及び他罪との関係

一個の人を欺く行為によって，相手方から財物の交付を受けた上，財産上不法の利益も得た場合は，246条の詐欺罪一個が成立すると解されています。

実務上，詐欺罪は窃盗罪と関連することが少なくありませんが，他人になりすましてカードローン会社の係員を欺き他人名義のカードを受け取った上，そのカードを利用して現金自動支払機から現金を引き出した場合には，詐欺罪と窃盗罪が成立して併合罪になると解されています。ただ近年は，異種の罪についても「包括一罪」を認める傾向がありますから，事案による具体的な検討が必要です。例えば，覚せい剤の売人を殺害して覚せい剤を強奪する目的で，最初は売人を欺いて覚せい剤を取得し，その後殺害しようとして未遂に終わった事案に関し，詐欺罪と強盗殺人未遂罪の包括一罪を認めた判例

もあります。

2 電子計算機使用詐欺罪

246条の2　前条に規定するもののほか，人の事務処理に使用する電子計算機に虚偽の情報若しくは不正な指令を与えて財産権の得喪若しくは変更に係る不実の電磁的記録を作り，又は財産権の得喪若しくは変更に係る虚偽の電磁的記録を人の事務処理の用に供して，財産上不法の利益を得，又は他人にこれを得させた者は，10年以下の懲役に処する。

　本罪は，信用及び業務に対する罪の中の電子計算機損壊等業務妨害罪（234条の2）のところで触れたとおり，昭和62年の刑法の一部改正で，コンピュータ関連犯罪として新設された規定です。

　本罪の詐欺行為の手段は，コンピュータに「虚偽の情報」又は「不正な指令」を与えて不実の電磁的記録を作る「作成」と，「虚偽の電磁的記録」を人の事務処理の用に供する「供用」に分けられます。前者は，CDカードの不正利用による預金の振替送金や入金データの入力などがその典型例ですし，後者は，内容虚偽のプリペイドカードやICカードを使用して財産上の利益を得ることがその典型例になります。

3 準詐欺罪

248条　未成年の知慮浅薄又は人の心神耗弱に乗じて，その財物を交付させ，又は財産上不法の利益を得，若しくは他人にこれを得させた者は，10年以下の懲役に処する。

　本罪の行為は，未成年（20歳未満の者）の「知慮浅薄」，又は人の「心神耗弱」（39条第2項）に乗じて，財物を交付させることですが，知慮浅薄とは知識が乏しく思慮の足りない者を言い，心神耗弱とは，精神の障害により行為の是非弁識能力又は行動統御能力が著しく減退した状態の者を言います。いずれもその点についての個別具体的な判断が必要ですが，智恵浅薄等に乗ずれば，他に人を欺く行為は必要ありません。

4 恐喝罪

249条　① 人を恐喝して財物を交付させた者は，10年以下の懲役に処する。
② 前項の方法により，財産上不法の利益を得，又は他人にこれを得させた者も，前項と同様とする。

① 客　体

本罪の客体は，詐欺罪同様，財物又は財産上不法の利益であり，財物の場合が1項恐喝（罪）であり，財産上不法の利益の場合が2項恐喝（罪）です。

② 行　為

本罪の行為は，「人を恐喝して」，1項恐喝が「他人の財物を交付させる」，2項恐喝が「財産上不法の利益を得る」又は「他人に得させる」ことです。

ⅰ 恐　喝

「人を恐喝する」の恐喝の意味は漠然としていますが，「恐喝」を定義すれば，財物又は財産上の利益を得る目的をもって行う暴行・脅迫であって，人を畏怖させるような行為ということができます。暴行を含むかどうかについては争いがありますが，暴力的手段としての「恐喝」に関して暴行を除外すべき理由がありませんから，暴行それ自体もいわゆる恐喝の行為に含めても良いものと思います。なお，人を畏怖させる程度の暴行・脅迫ですから，相手方の反抗を抑圧する程度になったものは除かれます。その場合は強盗罪に問われることになるのです。

ところで通常「恐喝」は，相手方を畏怖するに足りる「害悪の告知」という脅迫を手段とすることが多いところ，この害悪の内容は，脅迫罪（222条）の場合と異なり，人の生命・身体，自由，名誉，財産に対するものに限定されず，人を畏怖させるものであればそれ以外のものであっても良いとされています。また畏怖させる程度のものに限らず人を困惑させ又は不安の念を生じさせるものであっても，相手方の意思決定の自由を奪うものであれば，恐喝に当たると解されています。なお，告知される害悪の内容は，それ自体違法なものである必要はなく，他人の犯罪事実を知る者が捜査機関に申告する旨告知して口止め料を提供させた場合でも恐喝罪が成立します。また，害悪の内容が恐喝者自身の加害行為によって実現するものか影響力を行使し得る第三者の行為によって実現するものかは，犯罪の成否に関係ありませんし，

害悪の内容が実現に至るものかどうかも犯罪の成否に関係ありません。ただ，単なる天変地異，吉凶禍福を説くことによって財物を取得するような場合は恐喝罪になりません。

告知の方法については，手段・方法に制限はありません。明示的でも黙示的でも，口頭でも文書でも良いほか，挙動による気勢を示すことも恐喝の方法となります。

ⅱ 畏怖・困惑

人を恐喝するとは，相手方を畏怖・困惑に陥れることですが，この畏怖・困惑は，財産的処分行為をすることを動機付けるものであれば足り，強迫として民法上の取り消し得べき行為（民法96条）に当たるものである必要はありません。

ⅲ 実行の着手

実行の着手の時期は，行為者が財物又は財産上の利益を得る意思で，人を恐喝する行為（暴行・脅迫）を開始した時です。人を恐喝する行為があれば，相手方が実際に畏怖・困惑に陥ったかどうかは問いません。

ⅳ 財物の交付（従来は「喝取」と呼んでいました。）（1項恐喝）

財物を交付させるとは，恐喝によって畏怖心を生じた相手方からその財産的処分行為により財物の占有を取得することです。

つまり，恐喝罪は，人を恐喝する行為→畏怖・困惑→財産的処分行為による財物の交付（喝取）という構成要件要素によって成り立っており，これらに因果関係（因果的連鎖）があるということが恐喝罪の既遂罪が成立する要件となります。相手方の意思に反して財物を奪取する窃盗罪・強盗罪と違い，恐喝罪も財物の交付は瑕疵ある意思によるものですから，詐欺罪同様に「財産的処分行為」が必要ですが，畏怖した相手が黙認しているのに乗じて財物を取得するケースでも恐喝罪が成立すると解されます。相手方の自由意思が完全に奪われていたなら強盗罪ですが，そうでなければ恐喝罪となるのです。

ところで，恐喝罪では通常財産上の被害者と被恐喝者は同一人ですが，必ずしも同一人である必要はないとされています。ただし，この場合は被恐喝者が恐喝の目的となった財産について処分をなし得る地位とか権限のあることが必要とされます。例えば，会社の取締役が恐喝されて会社の財産を交付

させる場合などがこれに当たります。また，財物の交付は恐喝者自身でなく第三者に交付させても恐喝罪は成立すると解されています。

ⅴ　不法利得（2項恐喝）

不法に財産上の利益を得，又は他人にこれを得させることが「不法利得」ですが，恐喝によって畏怖心を生じた被害者の財産的処分行為に基づくものであることが必要です。

この財産的処分行為は，積極的な意思表示のみならず，黙示的又は不作為によってなされる場合もあります。例えば，恐喝者が飲食店主を脅して一時的に飲食代金の請求を断念させた場合には，被害者が黙示的に支払猶予という処分行為をしたとして恐喝罪の成立を認めます。

不法利得の態様には，詐欺罪の場合と同様に，飲食代金・宿泊代金・運賃等につき支払免除や支払猶予の意思表示をさせたり，役務を提供させたりすることなどがあります。

③　既遂と未遂

1項恐喝は，財物の交付を受けた時，2項恐喝は，財産上不法の利益を取得した時，又は他人に取得させた時に，それぞれ既遂になります。

ところで，恐喝を開始したものの相手が畏怖・困惑するに至らなかったときや，畏怖心を生じたものの相手が財産的処分行為をしなかったときは，実行に着手してこれを遂げなかったものとして，当然恐喝罪の未遂罪となりますが，畏怖心を生じなかった被害者が犯人に同情するなどの別の理由から財物を交付して財産的処分行為に及んだ場合にも，因果関係がないとして未遂罪で処断することになります。

④　罪数及び他罪との関係

一個の恐喝行為によって，相手方から財物の交付を受けた上，財産上不法の利益も得た場合は，249条の恐喝罪一個が成立すると解されています。ところで，相手方を恐喝して金品提供の約束をさせた場合，財産上の利益を得たものとして2項恐喝とする見解もありますが，このような事案では1項恐喝の未遂罪と見るのが実務的な考え方ですし，その後金品を得れば1項恐喝の一罪のみが成立することになります。

実務上，恐喝罪は恐喝の手段と人を欺く手段とが併用される例が少なくあ

りません。例えば，警察官を装って物品を窃盗した犯人に対し「取調べの必要があるから差し出せ」と嘘を言い，これに応じなければ直ちに警察に連行して逮捕するかのような態度を示して窃盗犯人を畏怖させた場合，行為を全体的に見ると手段の中に詐欺的部分もありますが，その部分も相手を畏怖させる一材料となっており，畏怖の結果による交付と認められるならば恐喝罪が成立し，詐欺罪は不問に付されることになると思います。結局相手方の交付が主として錯誤によるものか畏怖によるものかで判断するしかなく，両罪が成立して観念的競合になるという見解もあり得るところです。異なる例では，例えば公務員が職務の執行に藉口して相手を恐喝して財物を交付させた場合，公務員に恐喝罪のみが成立するという見解と，公務員には恐喝罪と収賄罪が成立し両罪は観念的競合になるほか，相手方にも贈賄罪が認められるという見解がありますが，恐喝の被害者となる者に贈賄を止めさせるというのは期待可能性を欠くという面もあるので，前説に従い，公務員に恐喝罪が成立するのみと解するのが一般的です。

|未遂罪の処罰規定|
　250条　この章の罪の未遂は，罰する。

　財産犯では，243条のほか，この250条に未遂の定めがあるだけで，横領の罪，盗品等に関する罪，毀棄及び隠匿の罪には，未遂罪の処罰規定がありません。したがって，同じように委託者と受託者との間の信頼関係を裏切る犯罪であっても，背任罪と横領罪とでは違いがあり，前者が未遂も処罰されるのに対し，後者の未遂は不可罰となっています。

|準用規定|
　251条　第242条（他人の占有等に係る自己の財物），第244条（親族間の犯罪に関する特例）及び第245条（電気）の規定は，この章の罪について準用する。

4 横領及び背任の罪（第38章・第37章）

横領罪は，他人の財産のもつ用益的権利を取得するという意味で，窃盗罪，強盗罪，詐欺罪，恐喝罪とともに領得罪に属しますが，それらの罪が犯罪の成立に物の占有移転を必要とする奪取罪であるのと異なり，横領罪は背任罪とともに占有移転を要しない非奪取罪とされています。そして横領罪は財物を委託する者（委託者）と委託される者（受託者）との間の信頼関係が破られる点に特色があることから，その点でも取引における信義誠実関係の違背を本質とする背任罪と共通性をもっているのです。そこで条文の位置は違いますが，教科書等では横領罪と背任罪は同じところで説明されることが多く，本書もそれに従っています。なお，横領罪は個別財産に対する領得罪である点に本質があり，背任罪は全体財産に対する犯罪であって領得罪と毀棄罪の両面を有している点に本質があり，この点において異なります。

1 横領罪

252条 ① 自己の占有する他人の物を横領した者は，5年以下の懲役に処する。
② 自己の物であっても，公務所から保管を命ぜられた場合において，これを横領した者も，前項と同様とする。

① 主 体
本罪の主体は，「他人の物の占有者」又は「公務所から保管を命ぜられた自己の物の占有者」であり，身分犯です。

② 客 体
本罪の客体は，「自己の占有する他人の物」又は「公務所から保管を命ぜられた自己の物」です。

ⅰ 物の占有

物とは，財物のことであり，動産も不動産も含まれます。横領罪に言う占有とは，財物を事実上又は法律上支配することであり，奪取罪における侵害の対象としての占有とは異なり，信頼関係の基礎としての意味をもつ占有ですから，奪取罪における占有よりは広く解されています。例えば，他人から

委託されて金銭を保管する者が金融機関に預け入れたときでもその者に占有がありますし，不動産売買の売主がまだ所有権移転登記をせずに登記簿上の所有名義を有しているときも売主に占有がありますし，仮装売買をして登記簿上自己の所有名義とした者にも占有があるとされています。

ⅱ　委託信任関係

占有の基礎には，物の所有者（又は保管を命じた公務所）と占有者との間に委託信任関係が必要です。この委託信任関係は，法令の規定，使用貸借・賃貸借・委任・寄託等の契約，事務管理，後見に限らず，取引上許容されている慣習・条理によるものであっても良いとされています。この委託信任関係がなく，偶然に自己の支配下に入ってきた物の場合は，本条の横領罪ではなく，254条の占有離脱物横領罪の客体となるのです。

ⅲ　「他人」の物

他人の物とは，他人の所有に属する財物を言い，他人とは，行為者以外の者であれば，自然人に限らず法人であってもかまいません。ただ，「他人」の所有と言えるかどうかの判断が難しいものもあり，これまでの判例の趣旨を敷衍して検討すれば次のとおりになります。

・売買の目的物は，当事者間に特約がない限り売買契約成立と同時に所有権は買主に移転しますが，動産なら引渡し前，不動産なら移転登記前であれば，まだ物の占有は売主にあると解されますので，二重売買して二番目の買主に動産を引き渡したり，不動産の移転登記を済ませたりすれば，他人の物の横領になります。
・割賦販売の場合は，特約のない限り目的物の所有権は代金完済まで売主に属していますから，占有している買主が目的物を処分すれば，他人の物の横領になります。
・共有物の場合は，共有者の一人が他の共有者に無断で共有物を処分したなら，他人の物の横領として，不可分の物であれば当然，可分の物であっても全体について横領罪が成立します。
・寄託された一定の金銭の場合，委託の趣旨が金銭の費消を許す場合を除き，費消を許さないことが明らかであれば，費消によって他人の物の横領になりますし，使途が限定されている場合にその使途以外に使用すれば，やはり他人の物

の横領になります。
・債権者から取立委任を受けた者が債務者から金銭を取り立てた場合，その金銭は直ちに債権者の所有となりますので，これを着服すれば他人の物の横領になります。同様に，集金人が集金した売掛代金は主人（雇用主）の所有，手形割引を依頼された者が受け取った手形割引金は依頼者の所有，債権譲渡人がその譲渡通知をしないうちに債務者から受領した金銭は債権譲受人の所有，と解されており，これらの金銭を着服すれば他人の物の横領になります。

③ 行　為
i　横領の意義

本罪の行為は，「横領」することですが，横領の意義に関して，領得行為説と越権行為説の対立があります。

　a　領得行為説

　　領得行為説によれば，横領とは，自己の占有する他人の物（公務所から保管を命ぜられた自己の物を含み，以下同様です。）を不法に領得すること，つまり不法領得の意思をもってその意思を実現する一切の行為を指すものと理解します。

　　ここに言う不法領得の意思とは，「他人の物の占有者が，委託の任務に背いて，その物について権限がないのに，所有者でなければできないような処分をする意思」と解されており，このような不法領得の意思をもってその実現のため，権利者を排除して，他人の物を自己の所有物のように利用又は処分することが「領得」に当たるとされているのです。奪取罪のように占有の移転がありませんから，領得行為は不法領得の意思が外部から認識可能な程度に発現する必要があると考えられています。

　b　越権行為説

　　越権行為説によれば，横領とは，委託に基づく信任関係の破棄にその本質があるから，行為者が占有物に対してその権限を逸脱する行為，すなわち委託の趣旨に反する行為をすることを指すものと理解します。

　　この説では，委託物について委託に趣旨に反する行為があれば足り，特に不法領得の意思は必要ありません。

両説の違いは，単に一時使用の目的で占有物を拐帯する場合や，目的物を毀棄・隠匿する意思で搬出するにすぎない場合に表れます。領得行為説によ

ればいずれも横領罪の成立は消極に傾きますが，越権行為説によれば横領罪が成立することになります。判例・通説は，領得行為説を採っていますが，横領罪がその本質として領得の面を有していることからすれば妥当な見解と思われます。

ⅱ 横領行為の態様

横領行為の態様としては，売却，贈与，交換，質入，貸与，預金，預金の引出し，換金，債務弁済のための譲渡，抵当権・譲渡担保権の設定などの法律的な処分が挙げられますし，費消，着服，拐帯，搬出などの事実的な行為・処分でも良いとされています。

ただ，権利の範囲内での処分は横領行為にはなりません。例えば，質権者がその権利の範囲内で質物の上に自己の債務の質権を設定するいわゆる「転質」は横領罪になりませんが，新たに設定した質権が質権者の有する質権の範囲を超えていたとき，すなわち債権額・存続期間等が質権設定者に不利になるときには横領罪が成立することになります。

④ 実行の着手と既遂時期

領得行為説によれば不法領得の意思が外部的に発現したとき，越権行為説によれば越権となる行為を開始したときが実行の着手ですが，いずれも実行の着手と同時に横領が顕現化し実現したと認められれば既遂となります（横領罪には未遂罪処罰の規定がありません。）。

⑤ 罪数及び他罪との関係

委託関係が同一であって継続した犯意の下で近接した日時に数回にわたって横領行為を繰り返した場合は，包括して横領罪一罪になります。

なお，横領罪は状態犯ですから，横領行為の完成後に行われた横領物の処分は，新たな法益侵害を伴わない限り不可罰的事後行為として別罪を構成しません。

2 業務上横領罪

253条 業務上自己の占有する他人の物を横領した者は，10年以下の懲役に処する。

本罪の主体は，他人の物を「業務上」「占有」する者です。他人の物の占

有者という身分のほかに，業務上という身分もあり，二重の身分犯です。

「業務」とは，人がその社会生活上の地位に基づき反復継続して行う事務を言い，業務上過失致死傷罪（211条）で説明した内容とほぼ同様です。

本罪の客体と行為は，252条の横領罪と同様であり，本罪と横領罪を区別する場合に，横領罪を「単純横領罪」と称することがあります。

> **刑法総論の学習事項❷**
> **─共犯と身分（横領罪）─**
>
> 単純横領罪は「他人の物を占有する者」が主体の「真正身分犯」ですから，例えば，友人Aから預金して欲しいと頼まれて金銭を預かったBが，遊び仲間のCと共謀し，預金手続をしないまま二人でその金銭を遊興飲食費に使った場合，判例によれば，B・Cには65条1項が適用され，身分のあるBのほか，身分のないCにも単純横領罪が成立し，その罪の共同正犯になります。
>
> 問題は，「業務上占有する者」Xと「業務上ではない占有者」Yが共同で占有している財物を横領した場合や，「業務上占有する者」Xと「非占有者」Zが共謀して横領した場合の処理です。判例の立場を敷衍すると，前段の例は「不真正身分犯」ですから65条2項を適用し，Xには業務上横領罪，Yには単純横領罪が成立すると考えるほかないように思われますが，後段の例になると，これは「真正身分犯」ですから，65条1項によりX，Z共に業務上横領罪が成立しその共犯となってしまいます。つまり業務上横領罪は，二重の身分犯であることからその処理に公平感を欠く困難な問題が生じてしまうのです。そのため判例は，横領罪の特殊性から「業務上の占有者」「単なる占有者」「非占有者」が混在した前記の横領の事案に関し，いずれも業務上横領罪が成立するとした上で，「業務上の占有者」でない者には通常の単純横領罪の刑を科すると判断しています。

3　占有離脱物横領罪

254条　遺失物，漂流物その他占有を離れた他人の物を横領した者は，1年以下の懲役又は10万円以下の罰金若しくは過料に処する。

本罪は，委託信任関係を前提としない横領罪であり，客体は，遺失物，漂

流物その他占有者の意思によらないでその占有を離れた物ですが，まだ誰の占有にも属さない物も含みます。本罪の客体を単に「占有離脱物」と言って，以下説明します。

　占有離脱物かどうかの判断は，財産に対する罪の序論4「占有の概念」のところで説明した「占有」と表裏の関係になります。具体的事情にもよりますが，酩酊して放置したためその所在が不明となった自転車，逃走中の窃盗犯人が落とした盗品，出入り自由の公共の場所に置き忘れられた物品，飼主の支配から脱出した家畜，捨てられたゴミ袋に入っていた現金などは，占有離脱物と判断されると思います。しかし他人の排他的実力支配の及ぶ範囲内に置き忘れた物は，まだ占有離脱物ではなく支配権者の占有に属すると解されます。例えば，病院の待合室に置き忘れられた鞄は病院管理者，旅館内に客が忘れた財物は旅館主，営業所内で従業員が発見した客の忘れ物は営業者（管理者），飼主の元に戻る習性のある動物は飼主に，それぞれ占有があると判断されると思います。

刑法総論の学習事項㉕
―構成要件的錯誤，共犯の錯誤（占有離脱物横領罪）―

　占有離脱物横領の故意で実際は他人が占有していた財物を取ってしまうという例がないわけではありません。例えば，Aが多数の客が出入りしている駅構内のベンチに座った際，誰かが置き忘れたと思われる鞄があったので，周囲を見渡して持ち主を探したがそれらしき人がいなかったため，遺失物と判断してこれを取ったところ，実は数メートル離れた場所で仲間と談笑していた持ち主Bがいた場合，Aの認識認容があくまでも占有離脱物の横領ということであれば，その故意で窃盗の結果が発生したことになるので，抽象的事実の錯誤として法定的符合説により，構成要件的に重なり合う範囲で，Aには窃盗罪でなく占有離脱物横領罪が成立することになります。同じような状況で，Aが一緒にベンチに座った仲間のCに鞄を取ろうともちかけて共謀し，Cがその鞄を掴んでAと共に駅構内から逃げた場合に，実はC自身はその鞄の持ち主が近くにいたBと分かっていたならば，共犯の錯誤となり，Cには窃盗罪が成立しますが，Aの責任は構成要件的に重なり合う占有離脱物横領罪の限度で共同正犯が成立することにな

ります。ただいずれの場合でも，Aが未必的であっても窃盗の認識認容を有していたなら錯誤にはならず，窃盗罪が成立します。

準用規定
255条　第244条（親族間の犯罪に関する特例）の規定は，この章の罪について準用する。

4 背任罪

247条　他人のためにその事務を処理する者が，自己若しくは第三者の利益を図り又は本人に損害を加える目的で，その任務に背く行為をし，本人に財産上の損害を加えたときは，5年以下の懲役又は50万円以下の罰金に処する。

① 主　体

本罪の主体は，「他人のためにその事務を処理する者」，すなわち，委託信任関係に基づいて他人の事務をその他人のために処理する者であり，身分犯です。

ⅰ　他人の事務

他人の事務を処理する者が主体ですから，自分の事務を他人のために処理する者は本罪の客体になりません。例えば，債務者が債権者のために借金の返済をすべきところこれを怠ったとしても，その返済事務は自分の事務であって債権者の事務ではないから背任罪にはなりません。委任・雇用・請負等の契約により他人の財産の管理・保全の任務に当たる場合の事務が，他人の事務の典型例です。

ところで，事務の多くは自分の事務か他人の事務か明確でないものや，両面を有しているものがあり，その判断は難しいところがあります。判例は，いわゆる二重抵当に関して，最初の抵当権者のために抵当権設定の登記協力義務があるのにこの義務を果たさず，他の抵当権者に抵当権設定登記をした場合，登記協力義務は他人の事務に当たるとして背任罪の成立を認めています。事務の主たる面が他人の事務であれば，自分の事務が含まれていても他人の事務と認めて良いと判断したものです。

ⅱ　事務の性質，事務処理の根拠

事務は公的な事務，私的な事務を問いませんし，必ずしも財産上の事務に

限らないと解されます。医師が患者のためにする治療，弁護士が依頼者の身分上の問題を処理する事務も，本罪に言う事務に含まれます。

他人の事務を処理する任務の根拠となるのは，他人と行為者との間の信任関係であり，親権者，後見人，会社の取締役のように法令の規定によるものや，委任・雇用・請負等の契約によるもののほか，事務管理や慣習によって生じたものであっても良いとされています。

② 目的（図利加害目的）

本罪は目的犯であり，「自己若しくは第三者の利益を図る目的」又は「本人に損害を加える目的」をもって，任務に背く行為をすることが要件になっています。この目的を総称して「図利加害目的」と言いますが，目的が一つであっても併存していてもかまいません。

判例は，「利益」とは，財産的利益に限らず身分上の利益その他の利益も含まれるとしています。したがって，自己の信用・面目を保持する目的も，不正の発覚を防ぐ目的も，会社役員の地位を得る目的も，すべて利益を図る目的と解されます。また図利加害目的は，意欲ないし積極的認容までは不要とされています。

ところで，任務に背く行為をして本人に損害を加えた場合でも，その目的が専ら本人の利益を図る目的であった場合には，構成要件からして本罪は成立しないことになります。ただ，実務上は本人の利益を図る目的とともに，自己又は第三者の利益を図る目的が併存していることも多いので，このような場合には，目的の主従，重点によって判断し，後者の目的が強いと判断できれば背任罪の成立を認めても良いと思います。

③ 行為（任務違背行為）

ⅰ 背任の意義

本罪の行為は，「任務に背く行為」（任務違背行為）をすることですが，どのような行為が任務違背行為になるかについては，背任罪の本質に絡んで権限濫用説と背信説の対立があります。

 a 権限濫用説 背任罪の本質は代理権限の濫用であり，任務違背による財産権の侵害は法律行為によるものであって，事実行為は含まれないとする見解
 b 背信説 背任罪の本質は信任関係の侵害であり，事務の性質上信義誠実の

原則によって示される信任関係に違背する行為であれば，それが法律行為であるか事実行為であるかを問わず，背任罪を構成するとする見解

判例は，背信説を採っていると思われます。条文上，行為の性質が限定されていませんし，帳簿の虚偽記入により財産上の損害を加えた者に対し，それを事実行為であるとして不可罰にしかねない権限濫用説に比べ，この場合も処罰可能となる背信説に具体的妥当性があると思われます。

ⅱ 背任行為の態様

そこで背信説に立って背任となる任務違背行為を検討しますと，それは法律行為に限らず事実行為でもよく，作為・不作為を問わず，必ずしも権限濫用行為に限らないことになります。結局は処理すべき事務の性質・内容・原因・信任関係の態様など全般を信義誠実の原則に照らして総合的に判断することになるのです。例えば，公共団体の理事長が正規の手続を取らないまま団体名義で不当貸付をすること，金融機関の役員が回収の見込みがないのに無担保で不良貸付をすること，財産管理人が債権回収を図らないで消滅時効にかからせることなどは，任務違背行為として背任罪が成立することになると解されます。

④ **結果**（財産上の損害）

背任罪が成立するためには，本人に「財産上の損害」を加えたことが必要です。つまり，経済的見地において本人の財産状態を評価し，任務違背行為によって本人の財産の価値が減少するか又は増加すべき価値が増加しなかったということが，財産上の損害を加えたものとしての評価となります。例えば，質権その他の担保権を喪失させることは財産上の損害ですし，本人に手形の裏書人としての義務を負わせた場合は，本人が現実に償還義務を履行しなくても財産上の損害を加えたことになり，回収不能者に無担保で金銭を貸し付けた場合も，回収不能の結果を待つことなく財産上の損害を加えたことになると解されています。ただ，損害の発生については，本人の財産状態を経済的見地から評価するため，一方で損害があるように見えても他方でこれに対応する反対給付がある場合には，損害を加えたことにはならず背任罪は成立しません。

なお本罪は財産上の損害という結果の発生を構成要件としていますので，

危険犯ではなく侵害犯であり，横領罪と異なり未遂も処罰されます（250条）。

⑤ 故 意

本罪の故意は，自己の行為がその任務に背くことの認識認容（任務違背行為の認識認容）と，その結果本人に財産上の損害を加えることの認識認容（財産上の損害発生の認識認容）が必要とされます。したがって財産上の損害発生について認識がなかった場合，構成要件的故意を欠き背任罪は成立しません。

⑥ 背任罪と横領罪の関係

背任罪も横領罪も信任関係に違背して委託者（本人）の財産を侵害する犯罪という点で共通性をもっていますので，両罪の関係が問題になりますが，行為の客体の点に着目して，横領罪は財物という特定の財産に対する犯罪，背任罪は財物以外の財産上の利益に対する犯罪として区別した上，両罪の関係は「法条競合」であり，「択一関係」になるとするのが一般的です。つまり，両立し得ない関係にある罪として，法解釈上一方の罪が適用されれば他方は排斥されると考えるのです。

5　盗品等に関する罪（第39章）

盗品等に関する罪は，窃盗その他の財産犯の犯人（以下「本犯」とも言います。）を庇護する事後従犯的性格を有している罪ですが，本犯の犯罪を助長し誘発させる危険性を有しているので，独立の犯罪として規定されています。

盗品等に関する罪の本質については，窃盗等の本犯によって作り出された違法な財産状態の維持存続にあるとする「違法状態維持説」の立場を採る見解と，被害者の盗品等に対する追求，すなわち返還請求権の行使を妨げる点にその本質があるとする「追求権妨害説」がありますが，判例・通説は後者を採っています。

1　盗品等無償譲受け罪，盗品等運搬罪等

256条　①　盗品その他財産に対する罪に当たる行為によって領得された物を無償で譲り受けた者は，3年以下の懲役に処する。

② 前項に規定する物を運搬し，保管し，若しくは有償で譲り受け，又はその有償の処分のあっせんをした者は，10年以下の懲役及び50万円以下の罰金に処する。

1項の規定が，盗品等無償譲受け罪，2項の規定が，盗品等運搬罪，盗品等保管罪，盗品等有償譲受け罪，盗品等有償処分あっせん罪となります。法定刑が違うのは，1項が無償行為であって利欲的色彩に乏しいところ，2項は営利的な性格を有しているからであり，そのため刑法上稀な例ですが，2項は罰金刑が選択ではなく，併科されることになっています。

① 客　体

本条の罪の客体は，盗品等（盗品その他財産に対する罪に当たる行為によって領得された物）です。盗品等の意義は，追求権妨害説の立場で説明すれば次のようになります。

・本犯が財産犯であること，つまり財産犯以外の犯罪によって得たものは盗品等にはなりません。収賄罪によって収受した賄賂，賭博によって得た金銭，偽造した通貨などは，本罪の客体にはならないのです。
・本犯の行為が構成要件に該当する違法な行為であること，それ以上，有責性や処罰条件を具備している必要はありません。
・本犯の行為が完成していること，したがって本犯の行為が完成する前に譲り受け，運搬等の約束をして行動しても，盗品等は存在せず，本条の罪は成立しません。
・被害者が法律上返還請求権をもっていること，したがって被害者に返還請求権がない物は盗品等になりません。財産犯の被害物件であっても第三者が民法の即時取得の規定により所有権を取得した場合には，被害者に返還請求権がなくなるので盗品等には当たらないことになります。
・財産犯によって取得された物そのものであること，例えば，窃取品を売却した代金，窃取した現金で購入した物品などは盗品等に当たりません。

② 行　為

1項の罪の行為は，無償譲受けであり，無償で所有権を取得することです。2項の罪の行為は，運搬，保管，有償譲受け，有償処分のあっせんをすることです。

③ 故　意

本条の罪の故意は，行為者において，客体となる物が盗品等であることの

認識が必要です。ただ，盗品等であることの認識は確定的でなくても良く，未必的なもので足りると解されています。また，本犯の犯罪に対する認識としては，それが財産犯であるという認識があれば十分であり，それ以上，本犯者・被害者・犯行年月日・罪名等の詳細を知る必要はありません。

> 親族等の間の犯罪に関する特例
> 257条 ① 配偶者との間又は直系血族，同居の親族若しくはこれらの者の配偶者との間で前条の罪を犯した者は，その刑を免除する。
> ② 前項の規定は，親族でない共犯については，適用しない。

本条のこの特例の規定については，244条の場合と同様に，本犯者と本犯の被害者と本罪の犯人との三者間に親族関係が必要かどうかという点が問題となりますが，244条の場合とは異なり，本条が置かれた趣旨は，本犯者と本罪の犯人との間に身分関係があるとき，本犯者を庇護するのは親族の情誼上やむを得ないとする点に意義があると思われるので，本条では，本犯者と本罪の犯人との間に親族関係があれば良いと解されています。

6 毀棄及び隠匿の罪（第40章）

毀棄及び隠匿の罪は，不法領得の意思なしに，他人の財産権を侵害する罪です。すなわち，経済的用法に従わない方法により他人の財産を侵害する犯罪ということができます。

1 公用文書等毀棄罪

> 258条 公務所の用に供する文書又は電磁的記録を毀棄した者は，3月以上7年以下の懲役に処する。

本罪の客体は，現に公務所において使用に供され又は使用の目的で保管されている文書，電磁的記録であり，公文書であると私文書であるとを問いません。本罪の文書は「公用文書」と言われ，文書偽造罪における公文書（155条）とは異なります。

本罪の行為は，「毀棄」することですが，毀棄とは，文書又は電磁的記録

の本来の効用を害する一切の行為を言います。

2 私用文書等毀棄罪

259条　権利又は義務に関する他人の文書又は電磁的記録を毀棄した者は，5年以下の懲役に処する。

　本罪の客体は，権利又は義務に関する他人の文書又は電磁的記録であり，単なる事実証明に関するものは，本罪の客体になりません。文書偽造罪における私文書（159条）とは異なります。したがって，事実証明に関する私文書の毀棄は，本条ではなく，261条の器物損壊罪の対象となります。

3 建造物損壊罪，建造物損壊致死傷罪

260条　他人の建造物又は艦船を損壊した者は，5年以下の懲役に処する。よって人を死傷させた者は，傷害の罪と比較して，重い刑により処断する。

　本罪の客体である「建造物」とは，家屋その他これに類する建築物であって，屋根，柱，壁等で支持されて土地に定着し，少なくとも内部に人が出入りできるものと定義されます。この「建造物」と261条の「器物」との区別は，分離する際に毀損を要するか否かで判断するとされています。例えば，天井板，敷居，鴨居，壁板等は，これを毀棄しなければ取り外しができないので，建造物の一部とされ，これを損壊すれば本罪が成立します。他方，雨戸，建具，畳等は，毀棄しないまま取り外しが可能なので建造物の一部とは言えず，本罪の客体にはなりません。ただ，建造物か否かの判断は，取り外しの有無だけではなく機能的側面からも検討して建造物としての一体性を判断すべきであり，玄関のドアであっても，外形・機能から外壁の一部として建造物と一体化しているなら，本罪の客体になると解して良いと思います。

　本罪の行為は，「損壊」することですが，損壊とは，建造物又は艦船の本来の効用を害する一切の行為を言います。したがって，有形的に毀損することだけでなく，使用価値の滅却，減損，従来からの用法による使用方法を不能にすることも含まれます。更に「効用を害すること」の中には，美観，威容も含まれ，建造物の壁，扉，窓ガラスに多量のビラを密接集中して貼付し

た場合は，ビラの内容にもよりますが，美観を害したものとして損壊に当たると判断されるものと思います。

なお，本罪中の建造物損壊致死罪は，裁判員裁判の対象事件となります。

4 器物損壊罪

> 261条　前3条に規定するもののほか，他人の物を損壊し，又は傷害した者は，3年以下の懲役又は30万円以下の罰金若しくは過料に処する。

本罪の客体は，公用文書，私用文書，建造物，艦船以外の他人の物であり，極めて広範囲にわたります。他人の飼っている動物も器物に当たります。

本罪の行為は，前条と同様の「損壊」することと，「傷害」することが含まれます。動物を器物に含めていることから傷害の語が加えられたものです。損壊・傷害は，ともに有形的に毀損することだけでなく，広く効用を失わせる行為も含まれますから，食器・鍋・食料品等に放尿すること，他人が飼育している鯉を流失させること，鳥籠を解放して飼鳥を逃がすことなどもこれに当たります。

刑法総論の学習事項㉖
―構成要件的錯誤（器物損壊罪）―

例えば人形を壊す意思で発砲したところ，意に反して近くにいた人に当たってその人を死亡させてしまった場合は，抽象的事実の錯誤として法定的符合説により，器物損壊罪の未遂と過失致死罪の成立が考えられるところ，器物損壊罪には未遂罪の処罰規定がありませんから，過失致死罪のみが成立することになります。逆の場合（人を狙って人形を損壊）は，殺人未遂罪が成立し，器物損壊の事実は過失犯に処罰規定がないので不可罰となることは，殺人罪の項で説明したとおりです。

|自己の物の特例|
> 262条　自己の物であっても，差押えを受け，物件を負担し，又は賃貸したものを損壊し，又は傷害したときは，前3条の例による。

5 境界損壊罪

262条の2　境界標を損壊し，移動し，若しくは除去し，又はその他の方法により，土地の境界を認識することができないようにした者は，5年以下の懲役又は50万円以下の罰金に処する。

　本罪の客体のうち「境界標」とは，土地の境界を確定するために土地に設置された標識，工作物，立木等を意味しますし，これを損壊，移動，除去して土地の境界を認識できないようにするのが，本罪の行為となります。

　本罪の客体のうち「土地の境界」とは，土地の所有権，地上権等の場所的限界を示すものであり，必ずしも真正な法律関係を示すものでなくても客観的に境界として認められているものであれば足りるとされています。

6 信書隠匿罪

263条　他人の信書を隠匿した者は，6月以下の懲役若しくは禁錮又は10万円以下の罰金若しくは科料に処する。

　本罪の客体は，他人の信書ですが，信書とは，特定人から特定人に宛てられた意思を伝達する文書であって，必ずしも封緘されたものであることを要せず，葉書も含まれます。

　本罪の行為は，隠匿することですが，隠匿とは，所在発見を不能又は困難にすることであり，毀棄することもこれに当たると解されます。

　なお，133条には信書開封罪の規定がありますが，その要件は，正当な理由がないのに，「封をしてある親書を開けた」となっており，本罪より厳格ですし，また郵便物の取扱いに関しては，特別法である郵便法に罰則の定めがあり，同法の適用を受けることになっています。

親告罪の規定

264条　第259条の罪，第261条及び前条の罪は，告訴がなければ公訴を提起することができない。

　この章の罪のうち比較的軽微とされる私用文書等毀棄罪，器物損壊・傷害罪，信書隠匿罪が親告罪とされています。

第2編　社会的法益に対する罪

第2編 社会的法益に対する罪

第1章　公共の平穏を害する罪

1 騒乱の罪（第8章）

騒乱の罪は，一地方において平和な生活を送っている公衆の生活，すなわち公共の平穏（静謐）を害する罪であり，内乱罪と同様に，構成要件そのものに多数人の共同的行為を想定していますので，「必要的共犯」であり，「集団犯」です。騒乱の罪が内乱罪（77条）と異なるのは，内乱罪が目的犯（国の統治機構を破壊するなどの目的）とされている点ですから，内乱罪が成立する限り，騒乱の罪は適用の余地がありません。

1 騒乱罪

106条　多衆で集合して暴行又は脅迫をした者は，次の区別に従って処断する。
1　首謀者は，1年以上10年以下の懲役又は禁錮に処する。
2　他人を指揮し，又は他人に率先して勢いを助けた者は，6月以上7年以下の懲役又は禁錮に処する。
3　付和随行した者は，10万円以下の罰金に処する。

本罪の主体は，集合した多衆であり，集合した者は全て正犯者となりますが，集団における役割に応じて区別され，法定刑が決められているのです。本罪の行為は，集団による暴行又は脅迫であり，その暴行・脅迫の意義は個人的法益に対する罪の暴行罪，脅迫罪のところで説明したとおり，最広義の意味での暴行・脅迫となります。なお，暴行又は脅迫が一地方の平穏を害する危険性を有する程度であることは必要と思われますが，現実に一地方の平穏が害される結果の発生は必要とされていません。

暴行又は脅迫が更に進んで傷害，殺人，放火，公務執行妨害，住居侵入，建造物損壊，恐喝等の行為に及んだ場合，単純な暴行・脅迫は本罪に吸収さ

れて別罪を構成しませんが、その他の傷害等の各罪は本罪で包括的に評価されるとは言い難いので、いずれも成立して観念的競合になると解されます。

2 多衆不解散罪

107条　暴行又は脅迫をするため多衆が集合した場合において、権限のある公務員から解散の命令を三回以上受けたにもかかわらず、なお解散しなかったときは、首謀者は3年以下の懲役又は禁錮に処し、その他の者は10万円以下の罰金に処する。

本罪は、解散しないという不作為を処罰する「真正不作為犯」です。

2 放火及び失火の罪（第9章）

1 概　説

①　保護法益

放火及び失火の罪の保護法益は、第一次的には公共の平穏であり、このため「公共危険罪」と呼ばれています。ただ第二次的には特定個人の財産を侵害するという側面もありますから、個人的法益である財産権の保護という面を否定することはできません。この点は、刑法が放火及び失火の罪に関して、他人所有の物と自己所有の物とを構成要件上区別して刑に軽重を設けていることからも明らかです。しかし、自己所有の物であっても処罰する旨の規定を置いていることから、放火及び失火の罪の本質が公共危険罪にあることは間違いありません。

公共危険罪における「公共の危険」の意味として

　　a　不特定の者の生命・身体・財産に対する危険
　　b　特定・不特定を問わず、多数の者の生命・身体・財産に対する危険
　　c　不特定又は多数の者の生命・身体・財産に対する危険
　　d　不特定かつ多数の者の生命・身体・財産に対する危険

の四説がありますが、多数であればもとより、少数であっても不特定の者に対する危険であれば、何人の上に実害が発生するか分からずその不安感等か

ら平穏が害されますので，判例・通説はｃの意味に解しています。

　ところで，公共危険罪と言っても，現実に公共の危険が生じたことを必要とするか否かで，「抽象的危険犯」と「具体的危険犯」に区別されます。抽象的危険犯とは，必ずしも現実に公共の危険が生じなくても行為自体により一般的に公共の危険を発生させたとされる罪であり，具体的危険犯とは，現実に具体的な公共の危険が発生することを必要とする罪です。以下順次説明する108条，109条1項の罪は抽象的危険犯，109条2項，110条の罪は具体的危険犯です。

②　行　為（放火の意義）

　放火及び失火の罪の行為は，「放火して」「失火により」などですが，ここでは放火罪の基本概念として重要な「放火して」の意義と実行の着手について説明します。

　「放火して」とは，ひろく目的物に対して火災を生じさせる行為，すなわち目的物の焼損に原因力を与える行為を言います。通常は目的物又はその媒介物に点火する直接的な行為及び既に発火した目的物に油を注ぐなどしてその燃焼を助長させる積極的な行為が「放火して」の典型例ですが，これらの作為犯のほか，不作為による放火，つまり，何もしないで放置するという作為義務者の不作為を作為同様に「放火して」と評価し，放火罪を認める「不真正不作為犯」の例もあります。

　放火の「実行の着手」は，目的物を焼損させる危険性のある行為の開始ということになりますが，必ずしも目的物に直接点火する必要はなく，媒介物に点火する行為もこれに該当します。現住建造物に放火する目的で隣接する非現住建造物に放火すれば，現住建造物の放火の実行の着手です。不作為犯の実行の着手は各事例で具体的に判断するしかありませんが，焼損に至ることを認識認容しながら，保障者的地位にある者が放置し，立ち去り又は逃走するなどの不作為（行為）に及んだときと思われます。

刑法総論の学習事項㉗
―不真正不作為犯（放火罪）―

　例えば，火災保険を付けた家屋の所有者が，神棚の不安定な燭台に点火

> した蠟燭を置き蠟燭が神符の方に傾いているのを見て火事になることを認識しながら，火災による保険金の入手を期待してそのまま外出したため，蠟燭が倒れて出火し家屋が焼損した場合や，残業中に仮眠していた会社員が目覚めた直後，暖をとるために置いた火鉢から炭火が木机に燃え移っているのを発見した際，消火可能であったのに自分の失態の発覚をおそれ，宿直員に連絡せずそのまま逃走して建物を焼損した場合などは，いずれも不真正不作為犯として放火罪の成立を認めることになります。殺人罪のところで説明した不真正不作為犯の成立要件を優に満たしていると判断されるからです。

③ 結　果（焼損の意義）

放火及び失火の罪は，目的物の「焼損」によって既遂に達します。従来から「焼損」については

　a　独立燃焼説　火が媒介物を離れて目的物に燃え移り，目的物が独立して燃焼を継続し得る状態に達するのが焼損である。
　b　効用喪失説　目的物の重要な部分が消失してその効用が失われることが焼損である。

という両説が対立しています。判例は独立燃焼説を採っています。例えば，家の天井板約一尺四方を焼いた場合，床板一尺四方のほか押入の床板・上段を燃焼させた場合などは，焼損と認めて放火罪の既遂と認定しています。目的物の燃焼が始まれば既に公共の危険が発生した状態と認められる上，日本の家屋の材質・構造・過密状態，新建材からの有毒ガスの発生による人身被害の危険性及び近傍住民の不安・脅威を考慮すれば，必ずしも目的物の重要な効用の喪失にとらわれない独立燃焼説の方に合理性があると思います。

　なお，鉄筋コンクリート造りによる不燃性建造物の焼損又はその可能性に関し，判例は，不燃性建造物であっても，内部の木製の窓枠，階段の手すり，側壁等で使用されている鋼板の表面化粧シート等の可燃・溶解・気化性を理由として積極に解し，放火罪の成立を認める姿勢を示しています。

2 現住建造物等放火罪

108条　放火して，現に人が住居に使用し又は現に人がいる建造物，汽車，電車，艦船又は鉱坑を焼損した者は，死刑又は無期若しくは5年以上の懲役に処する。

① 客体

本罪の客体は，「現に人が住居に使用し」又は「現に人がいる」ところの「建造物」「汽車」「電車」「艦船」「鉱坑」(以下，これらをまとめて単に「建造物」とも総称します。)です。

ⅰ　「現に人が住居に使用し」

「人」は犯人以外の一切の人を言い，犯人の家族も「人」に含まれます。したがって妻子と住んでいる住居に放火すれば本罪が成立します。しかし妻子が死亡した後に放火した場合は，住居として使用する人がいない客体となりますから，他に人が現在していなければ本罪は成立せず，次の109条の非現住建造物等放火罪となります。

なお，現に人が住居に使用するとは，犯人以外の人が起臥寝食の場所として日常使用していることを言い，必ずしも昼夜間断なく特定の人が居住する必要はありませんし，たまたま放火当時，家族旅行などで全員不在であったとしても，買物等で誰もいなかったとしても「現に人が住居に使用し」ているものになります。また，学校の宿直室のように，夜間又は休日のみ起臥寝食に使用しているとしても本罪の客体になります。なお，本来の用途が住居として使用されるものでなくても，建物の一部が現に人の住居に使用されていれば，他の部分が住居になっていなくてもその建物全体が住居に当たると解されています。例えば，宿直室のある劇場の一部のトイレに放火しても本罪の住居に当たります。

ところで，「犯人以外の人」が現に住居に使用する建造物ですから，犯人が家族全員を殺害した後それまで家族と住んでいた建造物を放火した場合は，「現に人が住居に使用する」建造物に該当しないので，他に人が現在していなければ非現住建造物等放火罪になります。

ⅱ　「現に人がいる」

「現に人がいる」は「現に人が住居に使用し」と「又は」で結ばれていま

すから，どちらかの要件に該当する建造物であれば本罪の客体となります。「現に人がいる」とは，そこに現在する権利を有する者であると否とを問いませんから，空き家に浮浪者がいた場合には，その空き家は本罪の客体（現に人がいる建造物）になります。

iii 建造物

建造物とは，家屋その他これに類似する工作物であって，屋根，壁，柱等で支持されて土地に定着し，人の起居出入りに適する構造を持つものとされています。その他，外観上複数の建物と見える場合であっても，近接し，又は廊下・回廊等で接続されているときは，全体が一体として一個の建造物と認められます。例えば，本殿・拝殿が回廊で人のいる社務所まで繋がっている神社は，全体として一個の建造物であり，その社殿に放火すれば，本罪の客体に当たると判断されるのです。

「汽車」「電車」については説明の要はないと思いますし，「艦船」とは軍艦その他の船舶を言い，「鉱坑」とは鉱物を採取するための地下設備を言います。

② 行為・結果

概説で説明したとおり，本罪の行為は，「放火して」であり，「焼損」の結果が発生して既遂になります。

③ 故 意

本罪の故意は，目的物が「現に人が住居に使用する」又は「現に人がいる」建造物であることを認識し，これを「焼損する」ことの認識認容が必要です。未必的なものでも足りるとされています。

なお，この故意の内容である建造物に対する認識如何によって錯誤の問題が生じます。

刑法総論の学習事項㉓
―構成要件的錯誤（放火罪）―

例えば，犯人が自己所有に係る一人暮らしの居宅に放火したところ，実はその居宅に浮浪者が入っていた場合や，犯人が他人の家に侵入してそこを住居として使用していた家族全員を殺害した後，全員が死亡したものと

思って罪跡隠滅のため放火したところ，実は家族のうち一人が死んでおらず失神していただけであった場合は，いずれも109条の非現住建造物等放火の故意で客観的には108条の客体である現住建造物を放火したことになりますから，抽象的事実の錯誤として法定的符合説により，構成要件的に重なり合う限度で非現住建造物等放火罪の成立を認めることになります。

④ 罪数及び他罪との関係

放火罪の罪数を考えるに当たっては，目的物の財産的価値よりも公共の安全の侵害が重要ですから，一個の放火行為で数個の現住建造物を焼損したとしても，一個の公共的法益を侵害したにすぎないものであれば，一個の現住建造物放火罪が成立するだけとなります。一個の放火行為で現住建造物，非現住建造物，建造物以外の物全てを含めて焼損した場合も，包括的に評価して最も重い刑の現住建造物等放火罪一罪が成立するだけと考えられます。もちろん時間的・場所的に異なる数個の客体に，それぞれ各別に放火して焼損したときは，個別に数罪が成立します。

放火罪は同時に他の犯罪に絡むことが多いので，他罪との関係には留意が必要です。

 a 住居侵入罪と放火罪
  住居に侵入して放火した場合は牽連犯です。行為者の主観でなく，客観的に「手段と目的」の関係があれば牽連犯ですから，窃盗の目的で住居に侵入した犯人が，窃取後に放火の故意を生じて放火に及んだとしても，併合罪ではなく，牽連犯です。
 b 死体損壊罪と放火罪
  居宅内で犯跡隠蔽のため，放火して死体を損壊した場合は，一個の行為が数個の罪名に触れる場合ですから，観念的競合になります。
 c 殺人罪，傷害罪，過失致死傷罪と放火罪
  居住者又は内部に現在する者を殺傷する意思で放火して人を殺傷した場合は，殺人罪・傷害罪と牽連犯になるという見解と観念的競合になるという見解に分かれます。
  殺傷の意思なくして放火したところ偶然人がいて殺傷の結果を招いた場合は，観念的競合であるという見解がある一方，当然に予想されている範囲内

の事態であるから、殺人罪も過失致死傷罪も成立せず、放火の罪だけが成立するという見解も主張されています。

いずれの場合も難しい判断であり、具体的事案による判例の積み重ねを待つしかありません。

d　詐欺罪と放火罪

火災保険金を詐欺する目的で放火しながら、出火原因は不明として、焼損した住宅にかけた保険金の交付を受けた場合は、詐欺罪と放火罪の併合罪になります。

3　非現住建造物等放火罪

109条　① 放火して、現に人が住居に使用せず、かつ、現に人がいない建造物、艦船又は鉱坑を焼損した者は、2年以上の有期懲役に処する。
② 前項の物が自己の所有に係るときは、6月以上7年以下の懲役に処する。ただし、公共の危険を生じなかったときは、罰しない。

本罪の客体は、「現に人が住居に使用せず」と「現に人がいない」が「かつ」で結ばれていますので、両方の要件を備えた建造物ということになります。「人」は「犯人以外の者」を指しますから、犯人のみが住居に使用し、犯人しか現在していない建造物が、本罪の客体です。

1項と2項の違いは、客体の物が「自己の所有」であるか否かであり、2項は自己の所有に係る物の場合を規定し、「公共の危険」の発生を処罰の要件とした具体的危険犯です。つまり、2項の犯罪が成立するためには、放火して建造物を焼損するだけでは足りず、公共の危険が現実に発生することが必要となるのです。

「自己の所有」に関しては、次の110条2項の罪と同様に、自己の所有する物であっても「他人の物」とみなす特例が115条に置かれています。

なお、他人の所有に係る建造物であっても、その所有者が焼損することについて承諾していたとき、つまり「被害者の承諾」があったときは、自己所有の建造物と同様に考えて2項の罪を適用することになります。この点は、本罪の本質が公共危険罪でありながら個人の財産権の保護という一面を持っていることからの帰結と言えます。

4 建造物等以外放火罪

110条 ① 放火して，前2条に規定する物以外の物を焼損し，よって公共の危険を生じさせた者は，1年以上10年以下の懲役に処する。
② 前項の物が自己の所有に係るときは，1年以下の懲役又は10万円以下の罰金に処する。

　本罪の客体は，前2条の客体に当たらない客体ですから，例を挙げれば，自動車，航空機，現に人がいない汽車・電車，建造物に当たらない門・塀，取り外した畳建具等のほか，橋，ゴミ箱など一切の物が含まれます（以下，これらを「非建造物」とも総称します。）。1項と2項の違いは，客体の物が「自己の所有」であるか否かであり，2項は自己の所有に係る物の場合を規定しています。ただ，109条と異なり，1項，2項とも「公共の危険」の発生を処罰の要件としていますので，いずれも具体的危険犯です。なお，被害者の承諾があった場合は，109条で説明したことと同じになります。

5 延焼罪

111条 ① 第109条第2項又は前条第2項の罪を犯し，よって第108条又は第109条第1項に規定する物に延焼させたときは，3月以上10年以下の懲役に処する。
② 前条第2項の罪を犯し，よって同条第1項に規定する物に延焼させたときは，3年以下の懲役に処する。

　すなわち，1項は，放火して自己所有の非現住建造物又は自己所有の非建造物を焼損しようとしたところ，火が現住建造物又は他人所有の非現住建造物に燃え移って延焼させた場合であり，2項は，自己所有の非建造物を焼損しようとしたところ，他人所有の非建造物を延焼させた場合です。いずれも結果的加重犯であり，延焼の結果について故意がない場合に本罪が成立するので，延焼の結果について故意があったときには，それぞれ現住建造物等放火罪若しくは他人所有の非現住建造物等放火罪又は建造物等以外放火罪が成立することになります。

未遂罪の処罰規定
112条　第108条及び109条第1項の罪の未遂は，罰する。

　現住建造物及び他人所有の非現住建造物の放火罪は未遂罪が処罰されます

が，具体的危険犯である109条2項，110条及び結果的加重犯（延焼罪）である111条の罪には，当然のことながら未遂を罰する定めはありません。

　未遂罪の処罰に関しては，独立燃焼説によると既遂になる時期が早くなって一般的には未遂罪成立の範囲は狭くなりますが，人の住居に延焼することを認識認容しながら隣接する物置に放火した場合であれば，物置を焼損させたとしても住居まで延焼しなければ，108条の罪の未遂罪となります。

6　放火予備罪

113条　第108条又は第109条第1項の罪を犯す目的で，その予備をした者は，2年以下の懲役に処する。ただし，情状により，その刑を免除することができる。

　本罪は，現住建造物等放火罪と他人所有の非現住建造物等放火罪のもつ危険性にかんがみて，放火の実行の着手に至らない予備の段階についても処罰することを定めたものです。予備罪とは，放火の実行の着手前の準備行為をすることであり，放火材料の用意，放火材料を携帯して現場に赴くことなどがこれに当たります。ところで，店舗の焼損を図り，可燃性の入口ドア付近にガソリンを撒布した場合は，法益侵害の具体的危険が発生したものとして，予備罪ではなく，撒布行為に実行の着手を認めることができると思います。

7　消火妨害罪

114条　火災の際に，消火用の物を隠匿し，若しくは損壊し，又はその他の方法により，消火を妨害した者は，1年以上10年以下の懲役に処する。

　本罪は，放火罪・失火罪の補充規定として，火災の際の消火を妨害する行為を処罰するものです。妨害行為の方法には制限はありません。消防士の活動を妨げれば本罪が成立しますが，ただ消防士から協力を求められたにもかかわらず消火に協力しなかったような場合は，妨害とは認め難く本罪は成立しないと解されます。もちろん本罪が成立しないとしても，軽犯罪法に「火事に際し，正当な理由がなく，公務員から援助を求められたのにかかわらずこれに応じなかった者は，拘留又は科料に処する。」旨の規定（同法1条8号）がありますので，この罪に問われる可能性は残ります。

第1章　公共の平穏を害する罪　133

|自己の物に関する特例|
115条　第109条第1項及び第110条第1項に規定する物が自己の所有に係るものであっても，差押えを受け，物権を負担し，賃貸し，又は保険に付したものである場合において，これを焼損したときは，他人の物を焼損した者の例による。

　自己の物であっても他人の物とみなす旨の特例です。例えば，自己のみが居住する自己所有の建造物に放火した場合や，自己所有の自動二輪車に放火した場合でも，それらに火災保険・損害保険を掛けていたら，それぞれ109条1項，110条1項の客体として各条項の罪が成立することになります。

8　失火罪

116条　①　失火により，第108条に規定する物又は他人の所有に係る第109条に規定する物を焼損した者は，50万円以下の罰金に処する。
　②　失火により，第109条に規定する物であって自己の所有に係るもの又は第110条に規定する物を焼損し，よって公共の危険を生じさせた者も，前項と同様とする。

　本罪は，「失火により」客体を焼損することで成立します。失火とは過失によって出火させることであり，具体的状況下において一般人に要求される注意義務に違反して客体の焼損についての原因を与えることです。過失犯は，不注意という無意識部分に本質があるので，この部分を共同して実行することはないとして過失犯の共同正犯を否定する見解もありますし，不注意によって過失行為を共同するということはあり得るので過失犯にも共同正犯が成立するという見解もあり，この点には争いがあります。

9　激発物破裂罪，過失激発物破裂罪

117条　①　火薬，ボイラーその他の激発すべき物を破裂させて，第108条に規定する物又は他人の所有に係る第109条に規定する物を損壊した者は，放火の例による。第109条に規定する物であって自己の所有に係るもの又は第110条に規定する物を損壊し，よって公共の危険を生じさせた者も，同様とする。
　②　前項の行為が過失によるときは，失火の例による。

　本罪は，物の損壊を処罰するものであり，厳密に言いますと，放火の罪ではありませんが，公共の危険を伴う点で放火の罪と酷似しているので，公共危険罪として同じ章に規定が置かれているのです。

1項は故意犯，2項は過失犯であり，それぞれ放火の例による，失火の例による，と定められていますので，法定刑はもちろんのこと，公共の危険の発生に関する抽象的危険犯，具体的危険犯の区分も同様となります。

10 業務上・重過失失火罪，業務上・重過失激発物破裂罪

117条の2 第116条又は前条第1項の行為が業務上必要な注意を怠ったことによるとき，又は重大な過失によるときは，3年以下の禁錮又は150万円以下の罰金に処する。

本罪は，業務上過失又は重過失による場合の，刑の加重規定です。

「業務」とは，一般に社会生活上反復継続して従事する事務を言いますが，本罪では特に，職務上常に火気の安全に配慮すべき社会生活上の地位に基づく事務と解され，調理師のような火気の使用を仕事の内容とする者，石油類販売業者及びその従業員，ガス器具の取付業務に従事する者，劇場・ホテルの経営者・支配人・従業員，火災の発見防止の任務に当たる警備員なども含まれます。また，「重過失」とは，行為者の注意義務に違反した程度が著しい場合を意味し，僅かの注意を払えば結果の発生を回避できた場合を言います。例えば盛夏晴天の日に，ガソリンの入った缶の1メートル以内のところで喫煙のためライターを点火した場合などはその典型で，火災が発生すれば重失火罪になります。

11 ガス等漏出罪・流出罪・遮断罪，ガス等漏出等致死傷罪

118条 ① ガス，電気又は蒸気を漏出させ，流出させ，又は遮断し，よって人の生命，身体又は財産に危険を生じさせた者は，3年以下の懲役又は10万円以下の罰金に処する。
② ガス，電気又は蒸気を漏出させ，流出させ，又は遮断し，よって人を死傷させた者は，傷害の罪と比較して，重い刑により処断する。

1項は，人の生命・身体等に危険を生じさせれば既遂となり，現実に損害が発生することを要しません。2項は結果的加重犯の規定であり，特に人が死亡した場合は，裁判員裁判の対象事件です。

3　出水及び水利に関する罪（第10章）

　出水に関する罪は，放火に関する罪と同様に，不特定多数人の生命・身体・財産に対し不足の危害を及ぼす本質を有しており，公共の平穏を保護法益とする公共危険罪として設けられています。もちろん第二次的には，個人の財産に対する侵害という個人的法益に対する罪の一面があることも，放火の罪と同様です。

1　現住建造物等浸害罪

　119条　出水させて，現に人が住居に使用し又は現に人がいる建造物，汽車，電車又は鉱坑を浸害した者は，死刑又は無期若しくは3年以上の懲役に処する。

　本罪の行為は，「出水させて浸害」することですが，出水とは，水の自然力を解放して氾濫させること，つまり水門を破壊して貯水を水門外に氾濫させるような行為を言いますし，浸害とは，水力によって物を毀損すること，つまり物の効用の一部又は全部を失わせることを言います。
　本罪は，放火の罪と同様に典型的な公共危険罪であり，結果の重大性も踏まえて法定刑も重罪となっており，裁判員裁判の対象事件となっています。

2　非現住建造物等浸害罪

　120条　①　出水させて，前条に規定する物以外の物を浸害し，よって公共の危険を生じさせた者は，1年以上10年以下の懲役に処する。
　　②　浸害した物が自己の所有に係るときは，その物が差押えを受け，物権を負担し，賃貸し，又は保険に付したものである場合に限り，前項の例による。

　本罪の客体は，現住建造物等を除く物が全て含まれ，公共の危険の発生が要件となっている具体的危険犯です。浸害した物が自己所有の場合は，差押え，債務負担，賃貸，保険付きの場合に限って，本罪が適用されることになります。

3 水防妨害罪

121条　水害の際に，水防用の物を隠匿し，若しくは損壊し，又はその他の方法により，水防を妨害した者は，1年以上10年以下の懲役に処する。

本罪は，放火の罪における消火妨害罪（114条）に相当する規定です。

4 過失建造物等浸害罪

122条　過失により出水させて，第119条に規定する物を浸害した者又は第120条に規定する物を浸害し，よって公共の危険を生じさせた者は，20万円以下の罰金に処する。

本罪は，放火の罪における失火罪（116条）に相当する規定です。ただ，業務上失火罪等（117条の2）に相当する規定がありませんので，出水に関する罪においては，業務上過失・重過失の加重処罰はありません。

5 水利妨害罪，出水危険罪

123条　堤防を決壊させ，水門を破壊し，その他水利の妨害となるべき行為又は出水させるべき行為をした者は，2年以下の懲役若しくは禁錮又は20万円以下の罰金に処する。

本罪の行為は，干害，牧畜，水車，発電等のために利用する水（水利）を妨害することであり，堤防の決壊，水門の破壊は妨害行為の例示です。水利は他人の権利に属するものでなければならず，他人が水利権を持たないものを妨害したとしても，本罪は成立しません。

4　往来を妨害する罪（第11章）

社会生活上，極めて重要な意義と機能を有する交通路・交通設備・交通機関に対する侵害は，当然のごとく，不特定多数の者の生命・身体・財産に対する危険を包含していますので，交通の自由と安全という社会的法益を害する公共危険罪の一つとして，往来を妨害する罪が設けられています。なお，交通に関する分野では，一般法である刑法のほかに，罰則を定めた種々の特別法（道路交通法，道路運送法，高速自動車国道法，鉄道営業法，船員法，船舶安全法

など）があります。

1 往来妨害罪，往来妨害致死傷罪

124条　① 陸路，水路又は橋を損壊し，又は閉塞して往来の妨害を生じさせた者は，2年以下の懲役又は20万円以下の罰金に処する。
② 前項の罪を犯し，よって人を死傷させた者は，傷害の罪と比較して，重い刑により処断する。

　本罪の客体は，陸路，水路，橋であり，橋については，その材質・大小を問いません。本罪の行為は，損壊又は閉塞であり，閉塞とは，有形の障害物を置いて遮断・閉鎖することを言います。したがって，道路幅の約3分の2を占める大きさの自動車を道路に停車させて，火炎びんで同車を炎上させる行為は道路を閉塞したと評価できると思います。

　1項の往来妨害罪の既遂は，具体的危険犯として，損壊・閉塞によって往来の妨害を作出する必要がありますが，現実に人の往来が阻止される必要まではなく，通行を困難ならしめれば足りると解されています。2項は結果的加重犯であり，死傷の結果についての予見は必要としません。仮に死傷の結果を予見していたなら，傷害罪又は殺人罪が成立し，1項の往来妨害罪と観念的競合になります。なお，2項の往来妨害致死傷罪は，傷害の罪と比較して重い刑により処断するとされていますので，裁判員裁判の対象事件です。

2 往来危険罪

125条　① 鉄道若しくはその標識を損壊し，又はその他の方法により，汽車又は電車の往来の危険を生じさせた者は，2年以上の有期懲役に処する。
② 灯台若しくは浮標を損壊し，又はその他の方法により，艦船の往来の危険を生じさせた者も，前項と同様とする。

　本罪は，重要な交通機関である汽車，電車，艦船についてその往来の安全を保護するため，124条の一般の往来妨害よりも重く処罰する規定です。1項の「その他の方法」というのは，損壊以外の往来の危険を生じさせる一切の方法を言い，線路上に障害物として石を置く行為，火炎びんを投下して炎上させる行為，無人電車を暴走させる行為等がこれに当たりますし，企業体の労働者が業務命令に違反して，正規の運行計画に反して電車を運行する行

為もこれに当たります。2項の「その他の方法」というのも制限はなく，灯台の明かりを消す行為，航路に水雷を敷設する行為，艦船自体に工作する行為等があります。いずれも具体的危険犯です。

❸ 汽車・電車・艦船転覆罪・破壊罪，汽車等転覆等致死罪

126条 ① 現に人がいる汽車又は電車を転覆させ，又は破壊した者は，無期又は3年以上の懲役に処する。
② 現に人がいる艦船を転覆させ，沈没させ，又は破壊した者も，前項と同様とする。
③ 前2項の罪を犯し，よって人を死亡させた者は，死刑又は無期懲役に処する。

1項，2項の各罪は，特に人が現在する汽車・電車・艦船を客体として，これを転覆・破壊・沈没させるという結果が重大な侵害の危険性が極めて高い罪です。転覆等をさせる行為の手段・方法に制限はありません。判例によれば，運航中の電車の窓ガラスに向かって投石し，ガラス1枚を破損した行為は，本罪に当たりませんが，電車内に爆発物を置いて爆発させ，電車1両の屋根の鉄板や座席，網棚，窓ガラス等を破損し爆発物の破片を床一杯に散乱させたため，乗客を乗せたままの安全な運行が困難な状態になった場合は，破壊に該当して，本罪が成立すると判断されています。本罪の法定刑は重く，故意の内容としては，汽車等に現に人がいることの認識認容及びその行為によって汽車等の転覆等が生ずるという認識認容があることを要します。3項は，結果的加重犯です。致死の結果について予見は必要ありません。問題は，現在する人に殺意をもって汽車等の転覆を図った場合の罪の適用ですが，本罪と殺人罪の観念的競合になるという説が有力です。いずれにしても本条の罪は全て裁判員裁判の対象事件となる重罪です。

❹ 往来危険による汽車等転覆等罪

127条 第125条の罪を犯し，よって汽車若しくは電車を転覆させ，若しくは破壊し，又は艦船を転覆させ，沈没させ，若しくは破壊した者も，前条の例による。

本罪は，往来危険罪の結果的加重犯であり，往来危険の故意をもって行為をしたところ，現実に汽車・電車・艦船の転覆・破壊・沈没の結果が生じたときに成立します。法定刑は前条の例によるとされており，前条3項の適用

についても積極に解されます。本罪の構成要件には「よって人を死亡させた」と明記されていませんが，往来危険罪の本質は汽車等の転覆等がひいては人の死亡という惨害を引き起こす危険性を常に包含しているので，その結果，人を死亡させた場合には，本条により「往来危険による汽車等転覆等致死罪」が成立し，法定刑は前条3項によると考えるのが合理的だからです。

>未遂罪の処罰規定

128条　第124条第1項，第125条並びに第126条第1項及び第2項の罪の未遂は，罰する。

5　過失往来危険罪等，業務上過失往来危険罪等

129条　① 過失により，汽車，電車若しくは艦船の往来の危険を生じさせ，又は汽車若しくは電車を転覆させ，若しくは破壊し，若しくは艦船を転覆させ，沈没させ，若しくは破壊した者は，30万円以下の罰金に処する。
② その業務に従事する者が前項の罪を犯したときは，3年以下の禁錮又は50万円以下の罰金に処する。

　本罪は，過失犯の処罰規定であり，汽車等に人が現在するか否かは問いません。2項の業務とは，直接間接に交通往来の業務に従事するものを言いますから，汽車等の運転自体に従事している者に限らず，運転助手，車掌，保線工夫，灯台監守等も含まれます。本罪を犯し，よって死傷の結果が生じた場合は，本罪と過失致死傷罪（業務上過失致死傷罪・重過失致死傷罪）の観念的競合になります。

第2章　国民の健康を害する罪

1　あへん煙に関する罪（第14章）

　あへん煙に関する罪は、公衆の健康保持、規律正しい生活の維持と頽廃の防止という観点から、あへん煙の吸食乃至これに関連する行為を処罰するため設けられた罪です。あへん吸食の弊害が我が国に及ぶことを防止するため、旧刑法を経て現刑法に引き継がれた規定ですが、現在は、特別法として「あへん法」が制定されて取締りの徹底が図られていますので、その適用により刑法上のあへん煙に関する罪は、ほとんど実効性を失っています。

❶　あへん煙輸入等罪

136条　あへん煙を輸入し、製造し、販売し、又は販売の目的で所持した者は、6月以上7年以下の懲役に処する。

❷　あへん煙吸食器具輸入等罪

137条　あへん煙を吸食する器具を輸入し、製造し、販売し、又は販売の目的で所持した者は、3月以上5年以下の懲役に処する。

❸　税関職員あへん煙輸入等罪

138条　税関職員が、あへん煙又はあへん煙を吸食するための器具を輸入し、又はこれらの輸入を許したときは、1年以上10年以下の懲役に処する。

❹　あへん煙吸食罪、あへん煙吸食場所提供罪

139条　①　あへん煙を吸食した者は、3年以下の懲役に処する。

② あへん煙の吸食のため建物又は室を提供して利益を図った者は，6月以上7年以下の懲役に処する。

5 あへん煙等所持罪

140条　あへん煙又はあへん煙を吸食するための器具を所持した者は，1年以下の懲役に処する。

未遂罪の処罰規定
141条　この章の罪の未遂は，罰する。

　あへん煙に関する前記各条文の罪の行為は，「輸入」「製造」「販売」「(販売の目的で)所持」「吸食」等ですが，他の薬物犯罪も，それぞれの法律によってこれら同種の行為を処罰すると定めていますので，本書では，第4編「規制薬物に対する罪」で，これらを説明することにします。

2　飲料水に関する罪（第15章）

　飲料水に関する罪は，公衆の健康保持の見地から，公衆が利用する必要不可欠な飲料水について，その清浄を害し，その用途を妨げる行為を処罰するために設けられた罪です。公共危険罪という性質から社会的法益に対する罪に属します。

1 浄水汚染罪

142条　人の飲料に供する浄水を汚染し，よって使用することができないようにした者は，6月以下の懲役又は10万円以下の罰金に処する。

2 水道汚染罪

143条　水道により公衆に供給する飲料の浄水又はその水源を汚染し，よって使用することができないようにした者は，6月以上7年以下の懲役に処する。

3 浄水毒物等混入罪

144条　人の飲料に供する浄水に毒物その他人の健康を害すべき物を混入した者は，3年以下の懲役に処する。

4 浄水汚染等致死傷罪

145条　前3条の罪を犯し，よって人を死傷させた者は，傷害の罪と比較して，重い刑により処断する。

5 水道毒物等混入罪，水道毒物等混入致死罪

146条　水道により公衆に供給する飲料の浄水又はその水源に毒物その他人の健康を害すべき物を混入した者は，2年以上の有期懲役に処する。よって人を死亡させた者は，死刑又は無期若しくは5年以上の懲役に処する。

6 水道損壊罪，水道閉塞罪

147条　公衆の飲料に供する浄水の水道を損壊し，又は閉塞した者は，1年以上10年以下の懲役に処する。

　飲料水に関する罪の行為の客体は，「人の飲料に供する浄水」，「水道により公衆に供給する飲料の浄水又はその水源」，「公衆の飲料に供する浄水の水道」です。

　「人の飲料に供する浄水」とは，自己以外の不特定又は多数の者の飲料に供される水ですから，特定個人のためにコップに入れた水はこれに当たりませんし，田園の灌漑又は家畜の飼養に使用される水もこれに当たりません。「水道」とは，浄水をその清浄を保ちつつ一定の地点に導く設備ですから，浄水を汚濁させないために必要な設備と浄水を一定の水路に従って流下させるのに必要な設備が施されていることが必要です。「水源」とは，水道に流入する前の水のことを言いますので，そのための貯水池の水や貯水池に流れ込む水流がこれに当たります。

　行為は，先ず，浄水・水道等を「汚染」することですが (142条，143条)，

これは飲料用として利用することができないようにすることであり，物理的・科学的に飲料できなくなることはもとより，不潔感のため心理的に飲料できなくなることも含まれます。汚染の方法は問いませんが，毒物その他人の健康を害すべき物を「混入」した場合は，重く処罰されることになります(144条，146条前段)。さらに，人を死傷させた場合は，結果的加重犯の規定がありますし（145条，146条後段），致死の結果が生じた場合は，裁判員裁判の対象事件となります。

第2編　社会的法益に対する罪

第3章　公共の信用を害する罪

1　通貨偽造の罪（第16章）

社会生活上，通貨は経済的取引の重要な手段ですから，通貨に対する信用が失われると通貨制度が根底から揺らぎ，経済的秩序が崩壊しかねません。そこで通貨に対する公共の信用と取引の安全を保護法益として，刑法には通貨偽造の罪が設けられています。

1　通貨偽造罪・通貨変造罪，偽造等通貨行使・交付・輸入罪

148条　①　行使の目的で，通用する貨幣，紙幣又は銀行券を偽造し，又は変造した者は，無期又は3年以上の懲役に処する。
②　偽造又は変造の貨幣，紙幣又は銀行券を行使し，又は行使の目的で人に交付し，若しくは輸入した者も，前項と同様とする。

本条の各罪は，法定刑に「無期懲役」が含まれていますので，重罪であり，裁判員裁判の対象事件になっています。

①　通貨偽造罪，通貨変造罪（1項）

本罪は，「行使の目的」で，通用する貨幣，紙幣，銀行券を偽造・変造することで成立します。貨幣等を総称して「通貨」と言いますが，「通用する通貨」とは，単に事実上流通しているものとは異なり，強制通用力を与えられているものを意味しますから，廃貨や古銭は通貨に当たりません。

「行使の目的」とは，偽造・変造の通貨を真正な通貨として流通させるという目的のことであり，本罪は目的犯です。したがって，学校の教材にする，陳列用の標本にする，装飾品として保存する，という目的で，流通に置く意思がない場合には，本罪は成立しません。ただ，行使の目的がないときでも「通貨及証券模造取締法」により，その製造，販売が罰せられることがあり

ます。なお，行使の目的は，行為者自身が行使する目的に限らず，他人に行使させる目的であってもかまいません。

「偽造」とは，通貨発行権者（政府，日本銀行）でない者が，真正の通貨の外観を呈する物を作ることであり，偽造の方法に制限はありません。そして偽造というためには，一般人が通常の注意力で真正の通貨と誤認する程度に作られたものでなければなりません。

「変造」とは，通貨発行権者でない者が，真正な通貨に加工して別個の物，しかも真正な通貨と紛らわしい外観を有する物を作ることであり，変造の方法に制限はありません。例えば，真正な 1 万円の銀行券 1 枚を二つ折りに切って，それぞれに加工を施して二枚の 1 万円札にすることなどが変造に当たります。ただ，元になった真正な通貨との同一性が失われた場合は，変造でなく偽造であると解釈されており，その区別・限界は微妙のため，具体的事案による判例の積み重ねを待つしかありません。

② 偽造・変造通貨行使罪，同交付罪，同輸入罪（2 項）

本罪の行為は，「行使」し，又は行使の目的で人に「交付」し，若しくは「輸入」することです。

「行使」とは，偽造・変造に係る通貨を真正な通貨として流通に置くことですから，売買代金に使う，債務の支払に充てる，贈与する，両替する，などの行為がこれに当たりますし，公衆電話や自動販売機に通貨を投入するのも行使です。しかし，自分の財産状態を信用させるため，いわゆる見せ金として他人に示す場合は，流通に置くわけでないので，行使とは言えません。

「交付」とは，偽造・変造の通貨であることを相手方に明らかにして渡すことです。その情を告げて渡す場合と，既にその情を知っている者に渡す場合があります。情を知らない相手方に渡す場合は，行使とする見解が有力ですが，交付であるとする見解もありますし，行使の間接正犯に当たるという見解もあります。

「輸入」とは，国外から国内に搬入することです。

2 外国通貨偽造罪・変造罪，偽造等外国通貨行使等罪

149条 ① 行使の目的で，日本国内に流通している外国の貨幣，紙幣又は銀行券を偽造し，又は変造した者は，2年以上の有期懲役に処する。
② 偽造又は変造の外国の貨幣，紙幣又は銀行券を行使し，又は行使の目的で人に交付し，若しくは輸入した者も，前項と同様とする。

1項の客体は，日本国内に流通する外国の通貨です。外国の通貨とは，外国政府又はその承認した機関によって製造・発行されたものを意味しますが，148条の「通用する」という文言がないことから，強制通用力を有する必要はなく，事実上使用されている通貨も含むと解されています。行為は，偽造又は変造です。2項の偽造・変造に係る通貨の行使罪・交付罪・輸入罪の客体は，偽造・変造された外国の通貨であり，行為は「行使」「交付」「輸入」です。

3 偽造等通貨収得罪

150条 行使の目的で，偽造又は変造の貨幣，紙幣又は銀行券を収得した者は，3年以下の懲役に処する。

本罪の客体は，偽造・変造された通貨であり，外国の通貨も含まれると解されています。行為は，行使の目的で「収得」することであり，収得とは，有償・無償を問わず，自己の所持に移す一切の行為を言い，その方法に制限はありません。

未遂罪の処罰規定
151条 前3条の罪の未遂は，罰する。

4 通貨収得後知情行使罪

152条 貨幣，紙幣又は銀行券を収得した後に，それが偽造又は変造のものであると知って，これを行使し，又は行使の目的で，人に交付した者は，その額面価格の三倍以下の罰金又は科料に処する。ただし，2千円以下にすることはできない。

本罪は，偽造・変造の通貨であることを知らないで収得した後，その情を知ったにもかかわらず，偽造・変造の通貨を行使し，又は行使の目的で交付

した者を処罰するものです。

5 通貨偽造等準備罪

153条　貨幣，紙幣又は銀行券の偽造又は変造の用に供する目的で，器械又は原料を準備した者は，3月以上5年以下の懲役に処する。

　本罪は，通貨偽造の罪の重大性にかんがみ，偽造・変造の予備行為のうち，器械又は原料を準備した者を，予備罪として独立の罪としたものです。「器械」とは，直接・間接に偽造・変造の用に供しうる一切のものを言い，鋳造機はもとより印刷機，写真機もこれに当たります。「原料」とは，用紙，印刷用インキなどがこれに当たります。

2　文書偽造の罪（第17章）

1 概　説

　文書偽造の罪は，文書の真正に対する公共の信用を保護法益とし，重要な意思伝達手段及び証明手段となる文書に関して，その機能と役割を保護するために設けられています。文書偽造の罪は，実際上は詐欺，横領，背任等の財産犯の手段として行われることが多いのですが，財産権の侵害や利益の帰趨を問題とせず，公共の信用に対する危険性の観点から処罰しようとするものです。

① 　文書偽造の罪の本質

　文書偽造の罪の本質は，文書の真正に対する公共の信用を害することにありますが，この文書の真正の意義については見解の対立があります。

　a　形式主義

　　　文書の作成名義の真正を意味するとする考え方説です。これによれば，文書偽造の罪は，作成名義を偽る行為を処罰しようというもので，文書の内容が真実に合致しているかどうかは問いません。作成名義の真正さえ確保すれば，その内容は自ら保障されると考えるのです。

　b　実質主義

文書の内容の真実を意味するとする考え方です。これによれば，文書偽造の罪は，文書によって表現されている内容の真実性を保護すれば良いので，文書の作成名義が偽られても内容が真実である限り，犯罪は成立しないことになります。

前記の形式主義，実質主義という考え方が，文書偽造の罪における「行為」の態様に反映すると，後記の作成名義を偽る「有形偽造」と内容の真実性を偽る「無形偽造」の区別に繋がります。

なお刑法に置かれた規定を概観すれば，文書偽造の罪は，基本的には形式主義を採用して有形偽造を罰し，補充的に実質主義も併用して無形偽造も罰する内容となっています。

② 文書偽造の罪の客体となる文書の概念

文書とは，広い意味で図画も含み，図画を含んだ文書を広義の文書として定義していますが，ここでは狭義の文書と図画に分けて，順次説明します。

ⅰ 狭義の文書の意義

文書とは，文字又はこれに代わるべき符号を用いて永続すべき状態において，ある物体の上に記載した意思表示であり，その表示の内容が法律上又は社会生活上重要な事項について証拠となり得るものを言います。可視的なものであれば，日本文字・外国文字を問わず，読めるものであれば良いとされます。聴覚に訴える方法によって表示されるものは除外されますから，レコード，録音テープは文書ではありません。電磁的記録については，昭和62年に電磁的記録に不正作出罪，供用罪を新設することにより，立法的な解決が図られました。

文書の内容は，意思を表示するものである以上，まとまった意識内容の表示が必要ですので，標札，番号札，名刺のようなものや草案，草稿の類は文書とは認め難いと解されます。一方，ある程度省略された形式のものであっても，まとまった意識内容が表示されていると認められれば文書に該当します。判例は印鑑証明書，銀行の支払伝票，白紙委任状を文書であると解しています。

ⅱ 狭義の文書の名義人

文書が意思の表示であることから，文書には必ず名義人が存在しなければ

なりません。名義人は，自然人のみならず法人や法人格のない団体でも良いとされますし，名義人が特定されていれば，実際にその名義人が存在するか否かはほとんど問題になりません。架空の者や死亡者の名義を用いて文書を作成しても，その名義が一般人をして，実在する者が真正に作成した文書であると誤信させる虞がある限り，公共の信用を害することに変わりはないので，文書偽造の罪の成立を認めるのです。実在しない公務所であっても一般人にその存在等を誤信させるものであれば，公文書偽造罪は成立することになります。

iii 狭義の文書の原本性

文書は，原本的なものであることが必要です。原本とは，意思・観念を直接に表示した物体そのものをいうので，単なる謄本，抄本，写し等は文書に当たりません。ただこれらの作成者が，自己の名義で謄本，抄本，写しであることを表示した認証文書の性格を有していれば，その認証者を名義人とする文書になります。

問題となるのは，写真機・複写機等を使用して機械的方法により原本を複写した精巧な写し（通常「写真コピー」と呼んでいます。）ですが，判例は，写真コピーに印章・署名が複写されている以上，写真コピーもその性質と社会的機能に照らせば，原本の機能と信用性を性質上有しない場合を除き，文書に当たるとしています。

iv 図画の意義

図画とは，象形的符号を用いて永続すべき状態においてある物体の上に記載した意思表示を言い，象形的符号による点が狭義の文書と異なります。製造煙草の図柄のある外箱，法人の略称を図案化したシール，土地台帳附属の公図等は，図画に当たると解されています。

③ **文書偽造の罪の行為**

文書偽造の罪の行為は，「偽造」「変造」「虚偽文書の作成（虚偽記載）」「行使」「不正作出」「供用」等がありますが，「不正作出」と「供用」は，電磁的記録不正作出罪・供用罪（161条の2）のほか，支払用カード電磁的記録不正作出罪・供用罪（163条の2）にも出てきますのでその項で説明します。

i 偽造（有形偽造）

ア　作成権限

　偽造とは，作成権限のない者が他人名義を偽って文書又は図画（以下，単に「文書」と言います。）を作成することを言い，これを有形偽造と呼んでいます。したがって偽造は，作成された文書の内容が真実に合致するか否かを問いませんし，作成権限のある者が虚偽の内容を記載した文書を作成したときには偽造とならず，虚偽の作成（虚偽記載）となるのですが，これが後で説明する無形偽造と呼ばれる行為です。

　偽造は，文書作成当時作成権限がないことが要件ですから，職務上上司の補助者として上司名義の文書を作成する立場にある公務員でも，上司の決裁を受けずに勝手に文書を作成すれば偽造になります。

　イ　代理・代表名義の冒用，代理・代表権の逸脱及びその濫用

　他人名義の文書の中には，直接他人名義の文書を作成する場合のほか，代理権・代表権のない者が，他人の代理人・代表者である旨偽って文書を作成する場合があります。例えば，代理権・代表権のないBが，A代理人BとかA会社代表取締役Bとして文書を作成した場合，判例・通説は，名義人はあくまでもAであり，A会社ですから，Bがその名義を偽った（冒用した）ものとして偽造に当たると解しています。文書の社会的信用性がBではなくAにあり，法律効果もAに帰属しますから当然の結論と思います。

　代理権・代表権を有する者が，その権限の範囲を逸脱して本人名義の文書を作成した場合も，偽造に当たります。例えば，承認された範囲の金額を超えて融資を受け，承認を受けた土地以外の土地に抵当権を設定する旨記載した借用証書を作成した場合は，偽造に当たると解されます。

　他方，代理権・代表権を有する者が，その権限内において委任の趣旨に反して（濫用して）文書を作成した場合には，私法上は有効なものとして取り扱われ，公共の信用を害するおそれがほとんどないので，偽造にはならないと解されています。

　ウ　名義人の承諾

　一般に私文書の場合は，作成権限のある者から事前に適法な承諾を受けていれば，名義人の名義を冒用したことにはならず，真正文書の作成になりますから偽造に当たらないとされています。しかし，必ず自己の名義で作成す

ることが予定されている文書については，仮に名義人の承諾があっても法の許容するところではありません。交通事件原票中の供述書を他人名義で作成したり，自署が要求されている一般旅券発給申請書を他人名義で作成したりする行為は，名義人の承諾があっても適法性の要件に欠け，偽造ということになります。

　　エ　偽造の方法と程度
　偽造の方法には制限はありません。白紙を利用して新たな文書を作る原始偽造，既存の未完成の文書に加工を加える補充偽造，既に無効になった文書を利用し新しい文書を作る復活偽造，既存の真正な文書を利用してその重要な部分に変更を加える変更偽造等があります。例えば，失効した運転免許証の有効期間を改ざんして新しい免許証とすれば復活偽造となりますし，郵便貯金通帳の預入・払戻欄の金額を改ざんすれば変更偽造になります。

　　オ　偽造と偽造に係る印章等の利用
　印章・署名の偽造及び偽造した印章等の使用については，後記の印章偽造の罪（第19章）のところで説明しますが，これらを使用した文書偽造の罪が成立した場合には，印章偽造の罪は文書偽造の罪に吸収され，別に印章偽造の罪は成立しません。ただ，文書偽造の罪が未遂に終わったときは，未遂罪が処罰される罪（主として「行使罪」）は別として，未遂が罰せられない罪（「偽造罪」「変造罪」）に関しては，印章偽造の罪が成立することになります。

　　ⅱ　変　造
　変造とは，真正に作成された文書の内容に，権限のない者がその文書の同一性を害しない程度の変更を加えることを言います。文書の非本質的部分に変更を加えて，新たな証明力を作り出すことになります。権限のない者が変更する以上，仮に真実に合致する内容に変更されたとしても，変造になります。

　　ア　偽造と変造の区別
　変造は文書の非本質的部分に変更を加えることですが，文書の本質的部分に変更を加えてその同一性を害するに至れば，もはや変造ではなく，偽造に当たります。しかし，この区別は微妙であり，例えば，外国人登録証明書や自動車運転免許証に貼付されている写真を別人の写真と貼り替える行為，自

動車運転免許証の交付年月日を改ざんして有効期間を変更する行為，公文書の内容を改ざんしてその写真コピーを作成する行為等は，一般的に変造でなく偽造に当たると解されますが，他方，有効な借用証書の金額欄に別個の金額を記入する行為，預貯金通帳の受入年月日・払戻年月日を改ざんする行為などは一般的に変造に当たると解されています。

　　イ　変造と毀棄の区別

　変造とは，文書の効用を失わせることなく，同一性を害しない範囲内で従前の文書と異なる意味を持つ文書にすることですから，文書としての効用の全部又は一部を滅却する場合は，変造ではなく毀棄に当たります。数名の署名のある私文書中の一人の署名を抹消する場合や，自動車運転免許証に貼付された写真を剥ぎ取って誰を撮影したものか分からないようにする場合は，毀棄になる可能性が強いと思われます。

　　iii　虚偽文書の作成（無形偽造）

　虚偽文書の作成（虚偽記載又は虚偽記入とも言います。）とは，作成権限を有する者が，自分の名義で，真実に反する内容の文書を作成することを言います。無形偽造と称されます。名義を偽るものでない点で，偽造（有形偽造）と異なりますが，その内容が真実に反していることにより公共の信用を失墜させる一定の重要な文書の場合は，無形偽造であっても処罰の対象とすることにしているのです。

　　iv　行使の目的と行使

　偽造罪については，法文上「行使の目的」が必要なことは明らかですが，法文上規定されていない変造罪についても，罪質上，当然に「行使の目的」が必要と解されています。行使の目的とは，必ずしも本来の用法に従ってこれを真正なものとして使用する場合に限らず，いやしくも真正な文書として何らかの効用に役立たせようという目的があれば足りると解されています。また本人自ら行使する目的であろうと，他人をして行使させる目的であろうとかまいません。

　行使とは，偽造・変造に係る文書については真正なものとして使用，虚偽文書の作成に係る文書については内容が真実なものとして使用することを言います。相手方にその内容を認識させ，又は認識し得る状態に置くことを要

し，かつ，それで足ります。

　行使罪と，偽造罪，変造罪，虚偽文書の作成罪とは，「目的と手段」という関係になりますので，牽連犯です。また，偽造文書を使用して詐欺，横領等の罪を犯した場合も，行使罪と詐欺罪等は牽連犯になります。

2　詔書等偽造罪・変造罪

> 154条　①　行使の目的で，御璽，国璽若しくは御名を使用して詔書その他の文書を偽造し，又は偽造した御璽，国璽若しくは御名を使用して詔書その他の文書を偽造した者は，無期又は3年以上の懲役に処する。
> ②　御璽若しくは国璽を押し又は御名を署した詔書その他の文書を変造した者も，前項と同様とする。

　本罪の客体は，日本国の象徴である天皇名義の公文書であり，一般の公文書に比して特に重要な意義を有していますので，法定刑が重く，本罪は裁判員裁判の対象事件になります。

3　公文書偽造罪・変造罪

> 155条　①　行使の目的で，公務所若しくは公務員の印章若しくは署名を使用して公務所若しくは公務員の作成すべき文書若しくは図画を偽造し，又は偽造した公務所若しくは公務員の印章若しくは署名を使用して公務所若しくは公務員の作成すべき文書若しくは図画を偽造した者は，1年以上10年以下の懲役に処する。
> ②　公務所又は公務員が押印し又は署名した文書又は図画を変造した者も，前項と同様とする。
> ③　前2項に規定するもののほか，公務所若しくは公務員の作成すべき文書若しくは図画を偽造し，又は公務所若しくは公務員が作成した文書若しくは図画を変造した者は，3年以下の懲役又は20万円以下の罰金に処する。

　本罪の客体は，公務所又は公務員がその名義でその権限において所定の形式に従って作成する文書又は図画であり，その印章又は署名のある「有印公文書」（1項，2項）と，印章・署名のない「無印公文書」（3項）とに分けられて刑が定められています。公務員の印章は，公務上使用されるものであれば，職印であると私印であると認印であるとかまいません。公務員の署名は，自署のほか記名でもよく，氏名の記載がなくても一定の公務所又は公務員を示したことが明らかであれば本罪は成立します。

4　虚偽公文書作成罪・変造罪

156条　公務員が，その職務に関し，行使の目的で，虚偽の文書若しくは図画を作成し，又は文書若しくは図画を変造したときは，印章又は署名の有無により区別して，前２条の例による。

　本罪の主体は，当該文書について作成権限のある公務員であり，身分犯です。本罪の客体は，虚偽の文書であり，真正に成立しているが内容が真実に合致していない文書です。本罪の行為は，「職務に関し」「行使の目的で」「虚偽文書を作成」するもので，いわゆる無形偽造です。

――――――――――――――――――――
刑法総論の学習事項㉙
―間接正犯の成否（虚偽公文書作成罪）―

　間接正犯とは，自己の犯罪意思を実現するために自ら事態の成り行きを操作することにより，他人を利用して犯罪を実行するものと定義されていますが，虚偽公文書作成罪に間接正犯が認められるかどうかについては見解の対立があります。つまり，次条（157条）の公正証書原本不実記載罪は本罪の間接正犯の形態を処罰しようとするものですが，行為態様も虚偽の申告に限られ，法定刑が軽いことから，157条と別に本罪にも間接正犯を認めるべきという見解があるところ，他方157条に独立した罪を設けている以上，本罪の間接正犯は成立しないという見解も主張されているのです。この点について判例は，主体が公務員であるか否かによって区別し，非公務員が情を知らない作成権限のある公務員をして虚偽の公文書を作成させた場合には，157条に該当する場合を除いて処罰しないとし，本罪の間接正犯を否定する一方，主体が公務員の場合，例えば作成権限のある公務員（上司）の職務を補佐して文書の起案を担当している公務員が職務に関して虚偽の文書を起案し，情を知らない上司に署名・押印させて虚偽の文書を作成させた場合には，本罪の間接正犯が成立するとしています。
――――――――――――――――――――

5　公正証書原本不実記載罪

157条　①　公務員に対し虚偽の申立てをして，登記簿，戸籍簿その他の権利若しくは義務に関する公正証書の原本に不実の記載をさせ，又は権利若しくは義務に関する公正証書の原本として用いられる電磁的記録に不実の記載をさせた者は，５年以下の懲役又は50万円以下の罰金に処する。

② 公務員に対して虚偽の申立をして，免状，鑑札又は旅券に不実の記載をさせた者は，1年以下の懲役又は20万円以下の罰金に処する。
③ 前2項の罪の未遂は，罰する。

　本罪の客体は，「登記簿，戸籍簿その他の権利若しくは義務に関する公正証書の原本」と「公正証書の原本として用いられる電磁的記録」及び「免状，鑑札又は旅券」に限定されています。ここでいう権利義務は，財産上のものに限らず，住民票のような身分上のものも含まれます。免状には医師免許証・自動車運転免許証・狩猟免許証等がありますし，鑑札には，古物商の鑑札，犬の鑑札等があります。旅券とはいわゆるパスポートのことです。
　本罪の行為は，「虚偽の申立て」であり，それは口頭でも書面でも，自らでも代理人を介してでもかまいません。そして公務員に「不実の記載」をさせて犯罪を完遂するという形態から，情を知らない公務員を利用して虚偽の公文書を作成する犯罪であり，虚偽公文書作成罪の間接正犯を定めた規定と言えます。申立てを受けた公務員が，情を知って申立人と共謀した場合は，公務員に虚偽公文書作成罪が成立し，申立人も共謀したことにより，その共同正犯になると解されます。
　なお，この条文で言う「虚偽の申立て」とは，申立事項の内容はもとより，申立人の名義を冒用するなど申立人に関して虚偽がある場合も含みます。「不実の記載」とは，存在しない事実を存在するものとし，又は存在する事実を存在しないものとすることですが，いわゆる中間省略登記は，形式上これに当たるにしても民事上は有効と解されているので，一般的には本罪に該当しないと解されます。
　3項で，本条の未遂罪は処罰されることになります。

6　偽造公文書行使罪

158条　① 第154条から前条までの文書若しくは図画を行使し，又は前条第1項の電磁的記録を公正証書の原本としての用に供した者は，その文書若しくは図画を偽造し，若しくは変造し，虚偽の文書若しくは図画を作成し，又は不実の記載若しくは記録をさせた者と同一の刑に処する。
② 前項の未遂罪は，罰する。

　本条は，1項が「行使」（及び「供用」）の罪を規定したものであり，2項で，

その未遂の罪を処罰する旨規定しています。行使罪には，原則として未遂罪の処罰規定があることに留意する必要があります。

7 私文書偽造罪・変造罪

> 159条 ① 行使の目的で，他人の印章若しくは署名を使用して権利，義務若しくは事実証明に関する文書若しくは図画を偽造し，又は偽造した他人の印章若しくは署名を使用して権利，義務若しくは事実証明に関する文書若しくは図画を偽造した者は，3月以上5年以下の懲役に処する。
> ② 他人が押印し又は署名した権利，義務若しくは事実証明に関する文書又は図画を変造した者も，前項と同様とする。
> ③ 前2項に規定するもののほか，権利，義務又は事実証明に関する文書又は図画を偽造し，又は変造した者は，1年以下の懲役又は10万円以下の罰金に処する。

本罪の客体は，「権利，義務又は事実証明に関する文書」であり，客体が私文書全てではなく重要なものに限定されていますが，それはその文書の偽造によって公共の信用が害される程度のものでなければならないからです。「権利・義務に関する文書」とは，法律関係の発生・存続・変更・消滅に関する事項を記載した文書を言い，契約書，借用書，委任状，遺言書，預貯金払戻請求書等がこれに該当します。「事実証明に関する文書」とは，社会生活に交渉を有する事実を証明するに足りる文書と解されています。そこで履歴書，郵便局宛ての転居届，議員候補者の推薦状，私立大学の入学試験の答案・成績原簿等はこれに当たると考えられます。

本条も，私文書に有印（1項，2項），無印（3項）の区別があります。

刑法総論の学習事項㉚
―間接正犯の成否（私文書偽造罪）―

　例えば，甲が乙を欺いて借用証書のような私文書の借主欄に署名押印させて，それを受け取った場合，甲の行為が借用証書をだまし取ったという「詐欺罪」になるのか又は「私文書偽造罪」になるのか，難しい問題があります。ただ，詐欺罪は「財物を交付させた」という乙の処分行為が必要とされていますので，乙自身が文書に記載された内容を認識した上で署名押印したのかどうかで決すれば良く，乙に内容を認識させた上でそれに署名押印する意思で署名押印させた場合には乙に処分行為がありますので，

甲は詐欺罪になります。他方，内容を認識させずに乙から署名押印してもらったならば，乙には処分行為がありませんから詐欺罪にはならず，この場合は情を知らない乙を利用した甲の犯罪，すなわち甲には私文書偽造の間接正犯が成立することになります。すなわち，当初から金策に利用する目的であったのにその情を秘し，借用証書の内容を認識させた上で，「この借用証書は，手元に金があることを明らかにして業者から信用してもらうため，業者に見せるだけだから署名押印してください。」と言って借用証書に署名押印させ，その借用証書を受け取ってから金策に利用した場合は，乙の処分行為があるから詐欺罪になりますが，これと違って，借用証書であることを秘し，「これは友人と一緒に事業をするための資産証明書ですが，あなたも私を支援しているとしてこの書類に署名押印してください。」と言って内容不知のまま借用証書に署名押印させ，その借用証書を手にしたとしたら，甲には私文書偽造罪の間接正犯が成立することになります。つまり，乙が借用証書であることを知らないで署名押印した乙名義の借用証書は真正に成立した文書ではなく，甲が自己の犯罪意思を実現するために乙を利用した偽造文書となるのです。

8 虚偽私文書作成罪

160条　医師が公務所に提出すべき診断書，検案書又は死亡証書に虚偽の記載をしたときは，3年以下の禁錮又は30万円以下の罰金に処する。

　本罪の主体は，医師であり，身分犯です。本罪の客体は，「公務所に提出すべき診断書，検案書又は死亡証書」に限定されていますし，本罪の行為は，「虚偽の記載」，つまり無形偽造です。虚偽の記載とは，例えば死亡日時・場所等の客観的事実につき真実に反する記載をすることのみならず，死因の判断，意見に関するものでもかまいません。ただし，本罪は虚偽の証明をすることを処罰する趣旨ですから，医師が真実に反すると思っていたとしても，客観的に真実に合致していた場合には，本罪は成立しません。

9 偽造私文書行使罪

161条　① 前2条の文書又は図画を行使した者は，その文書若しくは図画を偽造し，若しくは

変造し，又は虚偽の記載をした者と同一の刑に処する。
② 前項の罪の未遂は，罰する。

　本罪の主体には，制限がありませんし，行使の罪ですから，2項に未遂罪の処罰規定が置かれています。

10 電磁的記録不正作出罪・供用罪

161条の2　① 人の事務処理を誤らせる目的で，その事務処理の用に供する権利，義務又は事実証明に関する電磁的記録を不正に作った者は，5年以下の懲役又は50万円以下の罰金に処する。
② 前項の罪が公務所又は公務員により作られるべき電磁的記録に係るときは，10年以下の懲役又は100万円以下の罰金に処する。
③ 不正に作られた権利，義務又は事実証明に関する電磁的記録を，第1項の目的で，人の事務処理の用に供した者は，その電磁的記録を不正に作った者と同一の刑に処する。
④ 前項の罪の未遂は，罰する。

　本罪の客体は，「事務処理の用に供する権利，義務又は事実証明に関する電磁的記録」です。1項を私電磁的記録，2項を公電磁的記録と呼んで区別しています。

　本罪の行為は，「人の事務処理を誤らせる目的」で，1項・2項は電磁的記録を「不正に作ること」（不正作出），3項は「人の事務処理の用に供すること」（供用）です。「不正作出」とは，権限なしに或いは権限を濫用して，電磁的記録を存在するに至らしめることであり，「供用」とは，不正に作出された電磁的記録を，使用される電子計算機において用いられ得る状態に置くことを言います。

3　有価証券偽造の罪（第18章）

　有価証券は，現代の経済生活において取引の手段として重要な役割を果たしていますので，有価証券に対する公共の信用及び取引の安全を保護法益として，刑法には有価証券偽造の罪が設けられています。

1 有価証券偽造罪・変造罪,有価証券虚偽記入罪

162条 ① 行使の目的で,公債証書,官庁の証券,会社の株券その他の有価証券を偽造し,又は変造した者は,3月以上10年以下の懲役に処する。
② 行使の目的で,有価証券に虚偽の記入をした者も,前項と同様とする。

　本罪の客体は,公債証書,官庁の証券,会社の株券その他の有価証券です。有価証券とは,財産上の権利が証券に表示され,表示された権利を行使するには,その証券の占有を必要とするものを言います。国債,地方債,株券,手形,小切手等がこれに当たりますし,流通性は要件でないと解されていますので,鉄道乗車券,商品券,宝くじ,信販会社発行のクーポン券,競馬・競輪の投票券等も有価証券になります。

　1項の行為は,行使の目的で,偽造・変造することですし,2項の行為は,虚偽記入することです。偽造・変造・虚偽記入については,文書偽造の罪における行為と同様に考えればいいと思いますが,虚偽記入の意義については,手形・小切手に関して判例,学説に見解の違いが見受けられます。判例及び一部の有力説は,「手形・小切手の振出という基本的証券行為に関して,他人の名義を偽って他人名義の証券を作るのが偽造であり,裏書,保証という付随的証券行為に関して他人名義を偽るのは虚偽記入に当たる。」という見解ですが,通説は,「一枚の手形・小切手であっても,その振出のみならず,裏書,保証という証券行為はそれぞれ独立した債務負担行為の意味を持つから,基本的証券行為であると付属的証券行為であるとを問わず,他人名義を偽るのは偽造に当たる。」という見解を採っています。本条の1項と2項は法定刑が同じですから現実的な不都合は生じませんが,文書偽造の罪における有形偽造と無形偽造の考え方を一貫しますと,通説の立場が相当と思われます。

2 偽造等有価証券行使罪

163条 ① 偽造若しくは変造の有価証券又は虚偽の記入がある有価証券を行使し,又は行使の目的で,人に交付し,若しくは輸入した者は,3月以上10年以下の懲役に処する。
② 前項の罪の未遂は,罰する。

　本罪の行為は,「行使」「交付」「輸入」です。文書偽造の罪と同様に,「行

使」等に関して、未遂罪の処罰規定が設けられています。

なお、有価証券は権利義務に関する文書の一種ですが、独立の章が設けられており、その法定刑は、公文書偽造より軽く、私文書偽造より重く定められています。

4 支払用カード電磁的記録に関する罪
（第18章の2）

近時、クレジットカード（代金後払い）、キャッシュカード（預貯金の即時振替払い）、プリペイドカード（代金前払い）等の急速な普及と発展は、不正な偽造等の事犯の増大を促したため、その社会的信頼の確保が急務となって、この種事犯に対処するため、平成13年、刑法に「支払用カード電磁的記録に関する罪」が新設されました。

1 支払用カード電磁的記録不正作出罪・供用罪

163条の2　① 人の財産上の事務処理を誤らせる目的で、その事務処理の用に供する電磁的記録であって、クレジットカードその他の代金又は料金の支払用のカードを構成するものを不正に作った者は、10年以下の懲役又は100万円以下の罰金に処する。預貯金の引出用のカードを構成する電磁的記録を不正に作った者も、同様とする。
② 不正に作られた前項の電磁的記録を、同項の目的で、人の財産上の事務処理の用に供した者も、同項と同様とする。
③ 不正に作られた第1項の電磁的記録をその構成部分とするカードを、同項の目的で、譲り渡し、貸し渡し、又は輸入した者も、同項と同様とする。

本条の罪の対象となるのは、外観はもとより、その内容の電磁的記録自体が必要不可欠な重要性を有しているクレジットカード、プリペイドカード、ETCカード及び郵便局・銀行等の金融機関が発行する預貯金に係るキャッシュカード等の支払用カードであり、他方、代金の決済機能や預貯金の引出機能を持たないカード、例えば、ローンカード、顧客サービス用の証券カード・ポイントカード・マイレージカード等はこの対象から除かれると解されます。

本条の罪の行為は，本罪が文書偽造の罪における電磁的記録不正作出罪・供用罪（161条の2）の特則という位置づけになることから，ほぼ同様であり，「不正作出」及び不正作出したカードの「供用」が罰せられるほか，「譲渡し」「貸渡し」「輸入」も，罰せられます。「不正作出」とは，カード板と一体となった状態の電磁的記録を不正に作ることを意味し，「供用」とは，不正作出されたカードを構成する電磁的記録を，電子計算機において使用され得る状態に置くことを意味します。もちろん本罪は目的犯ですから，「人の財産上の事務処理を誤らせる目的」が必要であり，身分証明書代わりにクレジットカードを限定的に作出・使用する場合の行為は，本罪に当たらないことになります。

2 不正電磁的記録カード所持罪

163条の3　前条第1項の目的で，同条第3項のカードを所持した者は，5年以下の懲役又は50万円以下の罰金に処する。

本罪は，「人の財産上の事務処理を誤らせる目的」を持って，不正作出されたカードを「所持」する者を罰する規定です。

3 支払用カード電磁的記録不正作出準備罪

163条の4　① 第163条の2第1項の犯罪行為の用に供する目的で，同項の電磁的記録の情報を取得した者は，3年以下の懲役又は50万円以下の罰金に処する。情を知って，その情報を提供した者も，同様とする。
② 不正に取得された第163条の2第1項の電磁的記録の情報を，前項の目的で保管した者も，同項と同様とする。
③ 第1項の目的で，器械又は原料を準備した者も，同項と同様とする。

本罪は，163条の2第1項の不正作出罪に関して，その予備的な行為のうち，同罪の実行に必要不可欠と思われる情報の取得，提供，保管，器械又は原料の準備を罰することにしたものです。

未遂罪の処罰規定
163条の5　第163条の2及び前条第1項の罪の未遂は，罰する。

5 印章偽造の罪（第19章）

　印章及び署名は，文書や有価証券の作成に当たって用いられ，名義人の同一性を証明するものとして取引の安全を含めて社会生活上重要な役割を果たしているので，その真正に対する公共の信用を保護するため，刑法には印章偽造の罪が設けられています。

1 御璽等偽造罪，御璽等不正使用罪，偽造等御璽使用罪

164条　① 行使の目的で，御璽，国璽又は御名を偽造した者は，2年以上の有期懲役に処する。
② 御璽，国璽若しくは御名を不正に使用し，又は偽造した御璽，国璽若しくは御名を使用した者も，前項と同様とする。

　本罪は，文書偽造の罪における154条と同様に，天皇の地位等にかんがみ，一般の公印に比して特に重要な意義を有していますので特別に規定されているのです。御璽とは天皇の印章，国璽とは日本国の印章，御名とは天皇の署名です。

2 公印等偽造罪，公印等不正使用罪，偽造公印等使用罪

165条　① 行使の目的で，公務所又は公務員の印章又は署名を偽造した者は，3月以上5年以下の懲役に処する。
② 公務所若しくは公務員の印章若しくは署名を不正に使用し，又は偽造した公務所若しくは公務員の印章若しくは署名を使用した者も，前項と同様とする。

　本罪の客体は，公務所又は公務員の印章又は署名であり，公務上使用される印章又は署名のことです。「印章」とは，自己を表示するため，ある物体に顕出させた文字その他の符号の印影，又はその印影を顕出させるのに必要な文字その他の符号を刻した印形を言い，花押，書画の落款に押す雅号印も印章です。「署名」とは，人が自己を表示する文字をもって氏名その他の呼称を標記したものを言い，商号，屋号，取引上通常使用される略号，雅号も署名に当たります。本罪の行為は，偽造と不正使用です。このうち「不正使用」は，使用する権限のない者が，真正な印章・署名を使用することであ

り，「使用」は，偽造文書行使罪における「行使」と同様であって，偽造の印章・署名を真正なものとして，他人に対して使用することです。

3 公記号偽造罪，公記号不正使用罪，偽造公記号使用罪

166条　① 行使の目的で，公務所の記号を偽造した者は，3年以下の懲役に処する。
② 公務所の記号を不正に使用し，又は偽造した公務所の記号を使用した者も，前項と同様とする。

本罪の客体は，公務所の記号であり，公務所の印章と法定刑が異なりますが，両者の区別は明確ではありません。証明の用に供するため押捺する物体が文書のときは印章とし，文書以外の産物，商品，書籍，什物等のときは記号とする見解，すなわち使用の目的物によって区別する見解が有力です。

4 私印等偽造罪，私印等不正使用罪，偽造私印等使用罪

167条　① 行使の目的で，他人の印章又は署名を偽造した者は，3年以下の懲役に処する。
② 他人の印章若しくは署名を不正に使用し，又は偽造した印章若しくは署名を使用した者も，前項と同様とする。

本罪の客体は，他人の印章又は署名ですが，他人とは，公務所，公務員以外の者を指し，個人であると法人であると法人格を有しない団体であるとを問いません。

未遂罪の処罰規定
168条　第164条第2項，第165条第2項，第166条第2項及び前条第2項の罪の未遂は，罰する。

6　不正指令電磁的記録に関する罪
（第19章の2）

近年におけるサイバー犯罪その他の情報処理の高度化に伴う犯罪に適切に対処するため，平成23年6月の刑法の一部改正で，いわゆるコンピュータウィルスの防あつ等の目的で，本章の罪が新設されました。

1 不正指令電磁的記録作成罪

168条の2　正当な理由がないのに，人の電子計算機における実行の用に供する目的で，次に掲げる電磁的記録その他の記録を作成し，又は提供した者は，3年以下の懲役又は50万円以下の罰金に処する。
　1　人が電子計算機を使用するに際してその意図に沿うべき動作をさせず，又はその意図に反する動作をさせるべき不正な指令を与える電磁的記録
　2　前号に掲げるもののほか，同号の不正な指令を記述した電磁的記録その他の記録
② 　正当な理由がないのに，前項第1号に掲げる電磁的記録を人の電子計算機における実行の用に供した者も，前項と同様とする。
③ 　前項の罪の未遂は，罰する。

2 不正指令電磁的記録取得罪

168条の3　正当な理由がないのに，前条第1項の目的で，同項各号に掲げる電磁的記録その他の記録を取得し，又は保管した者は，2年以下の懲役又は30万円以下の罰金に処する。

第2編　社会的法益に対する罪

第4章　風俗・道徳的秩序を害する罪

1　わいせつ及び重婚の罪（第22章）

　我が国は，古くからの伝統に育まれた性的道義観念に基づき，社会生活上，善良な性的風俗・性的秩序が醸成されていますが，その侵害は健全な秩序を阻害することになりかねないので，社会的法益に対する罪として刑法第22章に，わいせつ及び重婚の罪が設けられています。同じ章の中には，第一次的に個人の性的自由を保護する色彩が強い強制わいせつ罪・強姦罪等の個人的法益に対する罪も置かれていますが，これらは個人的法益に対する罪の第2章・自由を害する罪の中で説明しています。

1　公然わいせつ罪

　174条　公然とわいせつな行為をした者は，6月以下の懲役若しくは30万円以下の罰金又は拘留若しくは科料に処する。

　本罪の行為は，「公然」と「わいせつな行為」をすることですが，公然とは，不特定又は多数の者が認識することができる状態を言います。例えば，公園や道路は仮に誰もいないときであっても，いつ通行人の目に触れるか分かりませんので，公然性を有します。わいせつな行為とは，人の性欲を刺激・興奮又は満足させる動作であって，普通人の正常な性的羞恥心を害し，善良な性的道義観念に反する行為のことを言います。全裸のストリップショーはこれに該当すると解されています。

2　わいせつ物頒布罪・公然陳列罪・所持罪・保管罪

　175条　①　わいせつな文書，図画，電磁的記録に係る記録媒体その他の物を頒布し，又は公然と陳列した者は，2年以下の懲役若しくは250万円以下の罰金若しくは科料に処し，又は懲役

及び罰金を併科する。電気通信の送信によりわいせつな電磁的記録その他の記録を頒布した者も、同様とする。
② 有償で頒布する目的で、前項の物を所持し、又は同項の電磁的記録を保管した者も、前項と同様とする。

　本罪の客体は、「わいせつな文書」等ですが、わいせつの意義については、わいせつな行為で説明したように、いたずらに性欲を興奮又は刺激させ、普通人の正常は性的羞恥心を害し、善良な性的道義観念に反するものと定義されていますが、その判断に当たっては、諸般の事情を総合し、その時代の健全な社会通念に照らして決すべきであるとされています。わいせつの判断が、芸術性・思想性も踏まえて判断されなければならない所以です。

　なお、「わいせつ」は規範的構成要件要素に当たりますから、一般通常人なら理解し得る程度の社会的な事実の「意味の認識」を要しますが、それがあれば構成要件的故意は阻却されないと解されています。

　本罪1項の行為は、「頒布」「公然陳列」です。頒布は、不特定又は多数人に対して交付することです。公然陳列とは、不特定又は多数人の観覧し得る状態に置くことを言いますので、パソコンネットのホストコンピュータのハードディスクにわいせつな画像を記憶・蔵置させ、不特定多数の会員に対し、パソコン操作により閲覧可能となる状態を設定した場合は、本条によって処罰されることになりますし、2項により、有償頒布の目的で文書等を「所持」した者、電磁的記録を「保管」した者も、その行為が処罰の対象となります。

3　淫行勧誘罪

182条　営利の目的で、淫行の常習のない女子を勧誘して姦淫させた者は、3年以下の懲役又は30万円以下の罰金に処する。

　本罪の客体は、「淫行の常習性のない女子」であり、行為は、「勧誘して姦淫させる」ことです。ここに言う「姦淫」とは、一般に性交を意味し、性交の決意を生じさせる一切の行為が「勧誘」です。

　（183条は、姦通罪の規定でしたが、削除されています。）

4 重婚罪

184条 配偶者のある者が重ねて婚姻をしたときは、2年以下の懲役に処する。その相手方となって婚姻をした者も、同様とする。

　本罪の主体は、配偶者のある者ですし、「配偶者」というのは法律上適法な届出をしたものを言い、事実上の夫婦は含まれません。この規定は、戸籍担当者が婚姻届を誤って二重に受理しない限り、適用される事案はほとんどありませんが、例えば偽造した離婚届や死亡届を提出した後、新たに婚姻届を提出して受理されるような場合に本罪が成立します。

2　賭博及び富くじに関する罪（第23章）

　国民一般の健全な経済倫理、勤労の意欲を保護し、社会の風俗を維持するため、賭博及び富くじに関する罪が設けられています。勤労その他正当な原因によるものではなく、単なる偶然の事情によって財物を獲得するという僥倖を求めることは、国民に怠惰浪費の弊害を生じさせ、勤労の美風を損なうばかりか副次的な犯罪を誘発して国民の生活に障害を与える虞すらあるからです。

1 賭博罪

185条 賭博をした者は、50万円以下の罰金又は科料に処する。ただし、一時の娯楽に供する物を賭けたにとどまるときは、この限りでない。

　本罪の行為は、「賭博をし」であり、賭博とは、勝敗が偶然の事情にかかっていること、つまり当事者において、確実に予見し又は自由に支配できない事情に関して勝敗を決することを言います。ただ偶然の事情は、当事者双方又は当事者全員に存在することが必要ですから、当事者一方が詐欺的手段を用いて勝敗を支配し、敗者から財物の交付を受けるいわゆる詐欺賭博は、双方とも賭博罪は不成立となり、詐欺的手段を用いた者にのみ詐欺罪が成立することになります。

なお本罪は，但書の規定により，「一時の娯楽に供する物」を賭けたときは，違法性が阻却されて罰せられないことになります。「一時の娯楽に供する物」とは，社会通念に従って客観的・合理的に判断されるものと思いますが，現金そのもののやりとりは，金額の多少にかかわらず，一時の娯楽に供する物とは断じ難いと思われます。

2 常習賭博罪，賭博場開帳図利罪，博徒結合図利罪

186条 ① 常習として賭博をした者は，3年以下の懲役に処する。
② 賭博場を開帳し，又は博徒を結合して利益を図った者は，3月以上5年以下の懲役に処する。

1項は常習賭博罪，2項は賭博場開帳図利罪，博徒結合図利罪を定めています。2項の罪はいずれも「利益を図る」目的が必要な目的犯です。この目的をもって，賭博場を開設した以上は，現実に利益を上げる必要はありませんし，賭博の現場にいる必要もありません。また，博徒を結合させるというのは，常習的に賭博を行う者二人以上に連絡して組織し，縄張り内で随時集合して賭博を行う便宜を与えることを言います。

1項の常習賭博罪の主体は，賭博の常習者であり，反復して賭博をする習癖のある者を言います。「常習」は行為者の属性であって，身分犯です。

刑法総論の学習事項㉛
―共犯と身分（賭博罪）―

常習賭博罪は，常習者に（単純）賭博罪の刑が加重されていますので「不真正身分犯」に当たります。そこで共犯には65条2項が適用され，常習者と非常習者が共謀して賭博をした場合は共同正犯となって，常習者に常習賭博罪，非常習者に単純賭博罪が成立するというのが判例の立場です。また常習性を有する正犯を非常習者が教唆した場合は，正犯が常習賭博罪，非常習者が単純賭博罪の教唆犯となり，逆に，非常習者の正犯を常習者が教唆した場合は，正犯に単純賭博罪，教唆者に常習賭博罪の教唆犯が成立するという結論になります。不真正身分犯の加減身分を責任身分として個別的に処理するというのが判例の見解なのです。

3 富くじ発売罪等

187条 ① 富くじを発売した者は，2年以下の懲役又は150万円以下の罰金に処する。
② 富くじ発売の取次ぎをした者は，1年以下の懲役又は100万円以下の罰金に処する。
③ 前2項に規定するもののほか，富くじを授受した者は，20万円以下の罰金又は科料に処する。

　本罪の客体の「富くじ」とは，抽選その他の偶発的な事情によって当選者だけに利益を与え，当選しない者は拠出した財物を失うという約束の下に，購買者に交付される籤札のことを言います。本罪の行為は「発売」「取次ぎ」「授受」であり，取次ぎとは，富くじ売却の周旋をすること，授受は，取次ぎに伴う必然的な授受を除く一切の授受を言います。

3 礼拝所及び墳墓に関する罪（第24章）

　宗教に関する善良な風俗及び国民一般の宗教的感情を保護法益として，礼拝所及び墳墓に関する罪が設けられています。宗教の自由（信教の自由）は憲法によって保障されている普遍的な権利ですが，国民の宗教的生活に根付いた善良な風俗，感情を保護することは，宗教の自由に反するものではなく，むしろ各人が宗教の自由を有することを前提として，これに対する侵害を禁止するものと言えます。

1 礼拝所等不敬罪，説教等妨害罪

188条 ① 神祠，仏堂，墓所その他の礼拝所に対し，公然と不敬な行為をした者は，6月以下の懲役若しくは禁錮又は10万円以下の罰金に処する。
② 説教，礼拝又は葬式を妨害した者は，1年以下の懲役若しくは禁錮又は10万円以下の罰金に処する。

　1項の客体は，「神祠，仏堂，墓所その他の礼拝所」であり，いずれも宗教上の祭祀礼拝の対象となっている神社，仏寺，墓所その他の礼拝所を言います。1項の行為は，「公然と不敬な行為」をすることであり，不特定又は多数の人が認識することのできる状態の下で，尊厳や神聖を害する行為を行うことを意味します。墓所での放尿は，たまたま居合わせた人がいなかった

としても不特定の人が認識できる状態での不敬な行為として，本罪が成立します。

2項の客体は，「説教，礼拝又は葬式」ですが，これは限定的列挙と解されており，これらに該当しない儀式に対して悪戯等の妨害行為をしても本罪を構成しないことになります。

2 墳墓発掘罪

189条　墳墓を発掘した者は，2年以下の懲役に処する。

本罪の客体は「墳墓」であり，人間の死体又は遺品等を埋葬して死者を祀りこれを記念する場所を言います。祭祀礼拝の対象の意義を有していなければなりませんから，古墳のように永年その対象になっているとは認め難いものは，本罪の客体になりません。本罪の行為は「発掘」であり，墳墓の覆土の全部又は一部を除去し，若しくは墓石等を破壊して墳墓を損壊することです。

3 死体等損壊罪・遺棄罪・領得罪

190条　死体，遺骨，遺髪又は棺に収めてある物を損壊し，遺棄し，又は領得した者は，3年以下の懲役に処する。

本罪の客体は，「死体，遺骨，遺髪又は棺に収めてある物」ですが，死体については，胎児の死体（死胎）も含まれると解されています。本罪の行為は，「損壊」「遺棄」「領得」です。

「損壊」とは，物質的に損傷，破壊することを言いますので，死体を姦淫することは，一般的には死体を侮辱することであっても損壊とは言えず，本罪は成立しません。「遺棄」とは，現在の場所から他に移転するという作為のほか，法令・慣習・契約等により葬祭すべき義務のある者が何もしないで放置するという不作為も含みます。したがって，人を殺した者が，被害者の死体を現場に残したまま立ち去っても死体遺棄罪は成立しませんが，母親が自分の幼児を砂中に埋めてそのまま窒息死させたり，自宅で殺害して室内の押入に放置したような場合は，遺棄行為が不作為であっても，殺人罪のほか

に死体遺棄罪が成立すると考えられます。「領得」とは，死体等の占有(所持)を取得することであり，窃取等の不法な手段によるほか，買受け，受贈等によっても領得になります。

ところで，殺人犯人が死体を遺棄した場合の罪数に関しては，殺人と死体遺棄とは通常必ずしも関連していないので，併合罪とするのが判例です。そこで実務上，死体の発見が遅れた殺人事件の捜査の場合，死体遺棄罪は3年を経過すると公訴時効が完成し公訴を提起することができなくなるので(刑事訴訟法250条6号)，その場合は殺人罪のみの起訴となってしまいます。

4 墳墓発掘死体損壊罪・遺棄罪・領得罪

191条　第189条の罪を犯して，死体，遺骨，遺髪又は棺に収めてある物を損壊し，遺棄し，又は領得した者は，3月以上5年以下の懲役に処する。

本罪は，墳墓発掘罪と死体等の損壊・遺棄・領得罪とが結合した結合犯です。結合犯の例としては，強盗強姦罪があります。

5 変死者密葬罪

192条　検視を経ないで変死者を葬った者は，10万円以下の罰金又は科料に処する。

本罪の客体は，「変死者」ですが，判例によれば，変死者とは，不自然な死亡を遂げ，その死因が不明な者を言うとされています。なお「検視」は，実務上，変死者又は変死の疑いのある死体があるときに検察官が司法警察員に代行検視を行わせている実情にあります(刑事訴訟法229条)。

本罪の行為の「葬る」とは，埋葬することであり，土葬，火葬，水葬の如何を問いません。

第3編　国家的法益に対する罪

第3編　国家的法益に対する罪

第1章　国家の存立を脅かす罪

　国家的法益に対する罪とは，国家の存立を保護法益とするものと，国家の統治作用を保護法益とするものに分かれますが，後者の中には，公務員が内部から国家の作用を害する汚職の罪も含まれます。

（第1章の73条～76条は，皇室に対する罪に関する規定でしたが，現在は削除されています。）

1　内乱に関する罪（第2章）

　内乱に関する罪は，現存の「体制」に対して暴力的な攻撃による破壊・変革を目的とする行為を処罰の対象とするものであり，多くは「政治犯」或いは「確信犯」の典型ですから，厳しい処罰が求められる一方，いわゆる非破廉恥犯として名誉的な処遇も必要なところから，死刑のほか，無期や有期の刑罰は懲役刑でなく禁錮刑で処断すると定められています。

　懲役刑は刑務作業に服させ，禁錮刑は服させない点に違いがありますが，現在は禁錮刑受刑者も請願作業により刑務作業に就くことが多くなっており，懲役と禁錮に実質的な差異はないと言って差し支えありません。ただ従来から殺人，強盗などの破廉恥犯に対する懲役刑と異なり，非破廉恥犯に対する処遇として禁錮刑が科せられているのです。ちなみに，禁錮刑の定めは内乱罪のほかに公務執行妨害罪（95条），騒乱罪（106条）にありますし，業務上失火罪（117条の2），業務上過失致死傷罪（211条）等の過失犯にも禁錮刑の規定が置かれています。

176　第3編　国家的法益に対する罪

1 内乱罪

77条　① 国の統治機構を破壊し、又はその領土において国権を排除して権力を行使し、その他憲法の定める統治の基本秩序を壊乱することを目的として暴動をした者は、内乱の罪とし、次の区別に従って処断する。
　1　首謀者は、死刑又は無期禁錮に処する。
　2　謀議に参与し、又は群衆を指揮した者は無期又は3年以上の禁錮に処し、その他諸般の職務に従事した者は1年以上10年以下の禁錮に処する。
　3　付和随行し、その他単に暴動に参加した者は、3年以下の禁錮に処する。
② 前項の罪の未遂は、罰する。ただし、同項第3号に規定する者については、この限りでない。

　内乱罪は、国の統治機構を破壊し、又は国権を排除して権力を行使し、その他統治の基本秩序を壊乱することを目的として、暴動した者を処罰する規定です。目的犯ですし、多数の者の共同行為を予定している必要的共犯であって集合犯です。また、法定刑は一律に定められてはおりません。
　ところで「暴動」とは、多数の者が集合して暴行・脅迫を行い、少なくともその地方の平穏を害することを意味し、暴行・脅迫以上に傷害、殺人、放火等が行われた場合、それらの罪の成否が問題になりますが、それらが前記の統治機構の破壊等の目的を達成する手段としてなされたものである限り、内乱罪に吸収されると解されます。もちろん、上記目的達成の手段としてではなく、これに便乗して、他の目的で敢行した場合には、併合罪として別罪も成立することになります。

2 内乱予備罪、内乱陰謀罪

78条　内乱の予備又は陰謀をした者は、1年以上10年以下の禁錮に処する。

　予備とは、構成要件に該当する行為以前の行為、すなわち内乱罪の実行行為の準備行為を言いますし、陰謀とは、二人以上の者の間で内乱罪を犯すことの合意を言います。

3 内乱等幇助罪

79条　兵器、資金若しくは食糧を供給し、又はその他の行為により、前2条の罪を幇助した者は、7年以下の禁錮に処する。

第1章 国家の存立を脅かす罪　177

[自首による刑の免除]
80条　前2条の罪を犯した者であっても，暴動に至る前に自首したときは，その刑を免除する。

　自首による刑の必要的免除規定であり，自首とはまだ捜査機関に発覚しない前に自ら進んで犯罪事実を申告することです。暴動に至る前に犯人の自首を奨励し，内乱の発生を未然に防止しようとする政策的配慮によるものです。

② 外患に関する罪（第3章）

　外患に関する罪は，外部からの攻撃によって国家の存立を危うくする行為を処罰の対象とするものです。内乱に関する罪と異なり，刑罰は死刑のほか，無期も有期も懲役刑で処断すると定められていますが，これは国民としての忠誠義務に違背し祖国を裏切る形態の犯罪であることを理由としています。

❶ 外患誘致罪
81条　外国と通謀して日本国に対し武力を行使させた者は，死刑に処する。

❷ 外患援助罪
82条　日本国に対して外国から武力の行使があったときに，これに加担して，その軍務に服し，その他これに軍事上の利益を与えた者は，死刑又は無期若しくは2年以上の懲役に処する。
　（83条〜86条は，利敵行為に関する規定が置かれていましたが，現在は削除されています。）

[未遂罪の処罰規定]
87条　第81条及び第82条の罪の未遂は，罰する。

❸ 外患予備罪，外患陰謀罪
88条　第81条又は第82条の罪の予備又は陰謀をした者は，1年以上10年以下の懲役に処する。

(89条は，戦時同盟国に対する行為の規定でしたが，現在は削除されています。)

3　国交に関する罪（第4章）

国交に関する罪は，我が国が諸外国との平和的友好関係を保持し，国際社会における地位の低下や戦争を誘発しかねない行為を防あつするために置かれた規定です。

(90条，91条は，外国元首・使節に対する暴行，脅迫，侮辱等に関する規定が置かれていましたが，現在は削除されています。)

1　外国国旗等損壊罪・除去罪・汚損罪

92条　① 外国に対して侮辱を加える目的で，その国の国旗その他の国章を損壊し，除去し，又は汚損した者は，2年以下の懲役又は20万円以下の罰金に処する。
② 前項の罪は，外国政府の請求がなければ公訴を提起することができない。

本罪は，公訴の提起に外国政府の請求が要件とされている親告罪です。

2　私戦予備罪，私戦陰謀罪

93条　外国に対して私的に戦闘行為をする目的で，その予備又は陰謀をした者は，3月以上5年以下の禁錮に処する。ただし，自首した者は，その刑を免除する。

3　中立命令違反罪

94条　外国が交戦している際に，局外中立に関する命令に違反した者は，3年以下の禁錮又は50万円以下の罰金に処する。

第3編　国家的法益に対する罪

第2章　国又は公共団体の作用を害する罪

1　公務の執行を妨害する罪（第5章）

　国又は公共団体が円滑公正にその作用を営むことは，与えられた使命達成のための基本的要件ですが，その作用である適正な公務の執行を妨害するのが公務の執行を妨害する罪です。公務の執行は，公務員によって決定され実行されますので，直接妨害を加えられる対象（客体）は公務員となりますが，保護法益はあくまでも国又は公共団体の作用すなわち「公務」です。

> 95条　①　公務員が職務を執行するに当たり，これに対して暴行又は脅迫を加えた者は，3年以下の懲役若しくは禁錮又は50万円以下の罰金に処する。
> ②　公務員にある処分をさせ，若しくはさせないため，又はその職務を辞させるために，暴行又は脅迫を加えた者も，前項と同様とする。

　1項が公務執行妨害罪，2項が職務強要罪を定めた規定です。

1　公務執行妨害罪（95条1項）
①　主体及び客体
　本罪の主体は，制限はなく，職務執行の対象になった者に限りません。
　本罪の客体は，公務員です。公務員の定義は7条1項に「国又は地方公共団体の職員その他法令により公務に従事する議員，委員その他の職員をいう。」と定められています。
②　行　為
　本罪の行為は，公務員が職務を執行するに当たり，これに対して暴行又は脅迫を加えることです。
　ⅰ　「職務を執行するに当たり」の意義
　職務を執行するに当たりとは，職務執行に際しての意味であり，当然のこ

とながら，現に職務を執行している場合に限らず，その職務の執行に着手しようとしている場合も，終えたばかりの段階のものも含みます。

なお，いわゆる待機中又はこれに類似するのような場合も含まれます。例えば，派出所勤務の警察官が雑談してお茶を飲んでいるときでも，列車の運行業務引継後助役が終業点呼を受けるため助役室に向かって駅ホームを歩いているときでも，議会の委員会で休憩を宣言した委員長が出入口に向かう途中でも，「職務の執行」に当たると解されています。

ⅱ 職務行為の適法性

公務員の職務執行が適法なものでなければならないことについては異論がありません。公務執行妨害罪の保護法益は公務の円滑公正な遂行にありますから，違法な職務行為まで法によって保護する必要はないと考えられるからです。ただ軽微な法令違反による手続を全てとりあげてどんな場合でも適法性を否定するというわけではなく，刑法上，暴行・脅迫による妨害から保護するに値する職務の執行であるかどうかを基準にして考え，具体的に判断する必要があります。判例の趣旨を敷衍すれば，職務行為の適法性の要件としては次のものが挙げられます。

　ア　当該公務員が，その行為を通常行使し得るとされる抽象的職務権限を有し，その抽象的職務権限に属する行為であること

つまり，公務員は抽象的職務権限として職務の範囲が限定されており，この範囲を超えて行う行為は適法性が否定されます。ただこの職務権限は法令で具体的に細かく規定されている必要はなく，警察官が法令に違反した者を説諭すること，首長と議会の議員が議事の内容について準備的に協議することなどの周辺行為も抽象的職務権限に含まれると解されています。そして抽象的職務権限があれば，それ以上に，その行為が内部的事務分担の規定に適合しているかどうかは関係ないものとされています。例えば，警察官の内勤・外勤の区別や警察署の管内受持区域の区別は職務執行の便宜のためのものであって，その区別によって職務権限を否定することにはなりません。ただ，警察官が税金を徴収しようとしてもこれは抽象的職務権限外の行為ですし，収税官吏が通常逮捕に及ぼうとしても権限外の行為ということになります。このような抽象的職務権限外の行為に対しては，暴行・脅迫が加えられ

ても公務執行妨害罪は成立しません。
　　　イ　当該公務員が，その行為を有効に行使し得るための具体的職務権限を有し，職務執行の有効要件として定められている重要な手続の方式を踏んでいること
　つまり，公務員は，抽象的職務権限に属する職務執行行為に関して具体的な職務権限を有しているほか，職務行為の有効要件として定められている方式又は重要な手続を踏んでいなければなりません。これに反した場合は行為の適法性が否定されます。ただ，行為の法律的効力に影響のない訓示規定違反や軽微な方式違反にすぎない場合であって，その職務行為を刑法上保護すべき必要があるときは，公務執行妨害罪の成立を認めて良いと思います。例えば，警察官が逮捕状なしに身柄を拘束したり，執行官が執行力のある正本なしに強制執行をした場合などは適法性の要件に欠け，公務執行妨害罪は成立しませんが，警察官が些細な誤字・脱字のある捜索差押令状で捜索したり，収税官吏が所得税に関する調査をする際に所定の検査証を携帯していなかったりした場合などは，軽微な方式違反にすぎないとして職務行為の適法性を認めて良いものと思います。
　　iii　適法性の判断基準
　職務行為の適法性を判断する基準についても，何を基準として決めるのかが問題となり争われていますが，大別すると次のとおりです。

　　a　主観説　当該公務員が適法と信じていたかどうかによって決すべきであるとする見解
　　b　客観説　裁判所が法令を解釈して客観的に決すべきとした上で，行為当時の状況に基づいて判断する見解（行為時標準説）と事後的に純客観的に判断する見解（純客観説）
　　c　折衷説　社会一般の通念を標準として決すべきという見解

　見解の立場によって，当該公務員が適法と信じて行った職務が，客観的に見ると適法ではなかった場合に結論が違ってきます。
　判例は，銃砲刀剣類の所持の疑いでAを現行犯逮捕しようとしたところ，Aの知人Bが警察官に暴行を加えて公務の執行を妨害した事件において，後

日，Aの銃砲刀剣類所持等取締法違反の罪が無罪になったとしても，行為時の状況からして，警察官にはAを現行犯人と認め得る十分な理由があったものとして，警察官の職務の執行は適法であるとし，Bに公務執行妨害罪が成立すると判断しています。これは客観説中の行為時標準説の立場と思われます。事後的判断により公務員の行為が不適法となる場合であっても，その不適法は後日裁判等の法的救済手段を経て初めて確定されるものですから，行為当時の客観的事情を基準とした上で，公務員が当時の状況から合理的に判断して真実その職務の執行が適法であると信じて行った事情がある以上，本罪によって公務員の行った行為は保護すべきであると考えるのが一般的と思われます。

ⅳ 暴行・脅迫

個人的法益に対する罪の傷害罪，脅迫罪のところで説明したように，本罪の暴行とは不法な有形力の行使があれば足り，必ずしも直接人の身体に対して加えられる必要はなく，脅迫とは人を畏怖させるに足りる程度の害悪の告知であり，その害悪の内容・性質，告知の方法に制限はありません。例えば，派出所内で取調中の者を室外に連れ出すため制止を振り切りその者を退室させようと引っ張って取調べを中止させる行為，逮捕現場で差し押さえられた覚せい剤入りの注射器を足で踏み付けて破壊する行為，押収品を積んだトラックの荷台から押収品を係官の面前で投げ捨てる行為，警備中の警察官に命中させない1回だけの投石行為，執行官とともに強制執行に従事中の補助者に暴言を吐く行為などは，本罪の暴行・脅迫に当たります。もちろん暴行・脅迫があれば，現実に職務が妨害されることまでは不要です。

③ 故　意

本罪の故意は，客体が公務員であること，公務員が職務の執行中であることを認識した上で，公務員に暴行・脅迫を加えることの認識認容を要しますが，公務の執行を妨害するというまでの認識や目的は不要です。

問題となるのは，公務員の職務行為が適法であるにもかかわらず違法であると誤信して暴行を加えた場合に，故意が阻却されるのかどうかということです。この誤信を「事実の錯誤」と見るか「法律の錯誤」と見るかで見解の対立がありますが，判例の趣旨を敷衍すれば，現実的な解釈として「法律の

錯誤」説により，原則としては故意を阻却しないと考えるのが相当であると思われます。「事実の錯誤」説によると，軽率に公務員の職務行為を違法と認識して抵抗した者があまねく故意を阻却され不可罰になってしまうという容認し難い結論となり易く，著しく妥当性を欠いてしまうからです。

> **刑法総論の学習事項㉜**
> **―違法性の錯誤・法律の錯誤（公務執行妨害罪）―**
>
> 　例えば，酔余放吟して裸になり，制服姿の警察官から職務質問を受けた際，その職務質問は違法であると勝手に判断（誤信）してその警察官に暴行を加えた場合，行為者は錯誤によって違法性の意識を欠いた「法律の錯誤」に当たると解した上で，法律の錯誤があった場合の法的処理に関し，判例の立場と思われる「違法性の意識の可能性必要説」（制限故意説）によって検討しますと，違法性の意識を欠いたことにつき相当な理由がある場合は故意が阻却され，それ以外は故意が阻却されず故意犯が成立することになります。前記の事例では相当の理由がないので故意は阻却されず，公務執行妨害罪が成立すると判断されるものと思います。なお「違法性の意識必要説（厳格故意説）」によれば，違法性の意識がない場合は故意が阻却されるとして公務執行妨害罪の成立を否定することになりますが，この説は常習犯や確信犯の犯罪に対し刑罰の適用が困難になるという隘路がありますし，「違法性の意識不要説」に立てば故意は阻却されませんが，違法性の意識を欠いた場合に一律にこの結論を採って犯罪の成立を認めることに問題がないとも言えません。
> 　同じ事例で，警察官が制服姿ではなく私服であった場合にその言葉遣いから一般市民に文句を付けられたものと誤信して暴行に及んだとしたら，暴行罪の成否は別として，公務執行妨害罪の成立は否定されることが多いと思われます。

④　罪数及び他罪との関係

　本罪が成立するときは，その手段として行われた暴行・脅迫は本罪に吸収され，別罪を構成しません。しかし公務執行妨害のための暴行・脅迫により死傷の結果が発生した場合は，故意の内容等により，殺人罪，傷害罪，傷害致死罪などの罪が成立し，本罪と観念的競合になります。

2 職務強要罪（95条2項）

本罪は，公務員にある処分をさせ若しくはさせないことを目的とする目的犯です。目的があれば足り，その目的が実現したかどうかは犯罪の成否に関係ありません。また「処分」とは，広く公務員が職務上行う行為を指し，その行為が公務員の職務権限内のものかどうかは問いません。正当な職務の執行のみならず，公務員の職務上の地位の安全も保護することが公務の保護にも役立つからです。

3 封印等破棄罪

96条　公務員が施した封印若しくは差押えの表示を損壊し，又はその他の方法によりその封印若しくは差押えの表示に係る命令若しくは処分を無効にした者は，3年以下の懲役又は250万円以下の罰金に処し，又はこれを併科する。

本罪の「公務員が施した封印若しくは差押えの表示」とは，執行官が差押えの目的物に施した封緘とか執行官の身分を書いた証紙が固定された物件などがこれに当たります。「損壊」とは，目的物を物質的に破壊してその効力を失わせることを言い，「無効にする」とは，損壊以外の方法で封印等を事実上滅却・減殺することを言います。

4 強制執行妨害目的財産損壊罪

96条の2　強制執行を妨害する目的で，次の各号のいずれかに該当する行為をした者は，3年以下の懲役若しくは250万円以下の罰金に処し，又はこれを併科する。情を知って，第3号に規定する譲渡又は権利の設定の相手方となった者も，同様とする。
1　強制執行を受け，若しくは受けるべき財産を隠匿し，損壊し，若しくはその譲渡を仮装し，又は債務の負担を仮装する行為
2　強制執行を受け，又は受けるべき財産について，その現状を改変して，価格を減損し，又は強制執行の費用を増大させる行為
3　金銭執行を受けるべき財産について，無償その他の不利益な条件で，譲渡をし，又は権利の設定をする行為

本罪は，国の作用である強制執行が適正に行われることを保護法益とするほか，債権者の債権保護も図る目的犯です。「財産」には，動産・不動産のみならず債権も含まれます。1号の行為は，財産の所在を不明にする「隠

匿」，財産を物質的に破壊したりその価値を減少させる「損壊」のほか，「仮装譲渡」，「仮装の債務負担」が挙げられています。これらは仮装行為が前提ですから真実の譲渡或いは債務負担であれば，強制執行妨害罪には該当しないことになります。なお，平成23年6月の刑法の一部改正により，前条の罪も含めて刑罰が重くなり，本条では2号・3号が新たに設けられて，悪質巧妙化している行為を処罰し得るようになりましたし，以下の条文も新設・改正が行われました。

5 強制執行行為妨害罪

96条の3　① 偽計又は威力を用いて，立入り，占有者の確認その他の強制執行の行為を妨害した者は，3年以下の懲役若しくは250万円以下の罰金に処し，又はこれを併科する。
② 強制執行の申立てをさせず又はその申立てを取り下げさせる目的で，申立権者又はその代理人に対して暴行又は脅迫を加えた者も，前項と同様とする。

6 強制執行関係売却妨害罪

96条の4　偽計又は威力を用いて，強制執行において行われ，又は行われるべき売却の公正を害すべき行為をした者は，3年以下の懲役若しくは250万円以下の罰金に処し，又はこれを併科する。

7 加重封印等破棄罪

96条の5　報酬を得，又は得させる目的で，人の債務に関して，第96条から前条までの罪を犯した者は，5年以下の懲役若しくは500万円以下の罰金に処し，又はこれを併科する。

8 公契約関係競売妨害罪，談合罪

96条の6　① 偽計又は威力を用いて，公の競売又は入札で契約を締結するためのものの公正を害すべき行為をした者は，3年以下の懲役若しくは250万円以下の罰金に処し，又はこれを併科する。
② 公正な価格を害し又は不正な利益を得る目的で，談合した者も，前項と同様とする。

　1項がいわゆる競売入札妨害罪ですが，「偽計」とは，他人を錯誤に陥れる一切の手段であり，「威力」とは，他人の自由意思を制圧するに足りる勢

力を言います。また「競売」とは、売主が二人以上の相手に買受けの申出を促して最高値の申出をした者と契約をする競争売買であり、「入札」とは、契約内容について二人以上の相手に契約の申出を促し、最も有利な条件を申し出た者と契約する競争契約のことです。

2項が談合罪ですが、「談合」とは、競売又は入札の競争に加わる者が互いに通謀して、ある特定の者を競落者・落札者にさせるため、一定の価格以上又は以下に値段を付けたり、入札したりせず、或いは競売又は入札の申出を放棄することを協定する話合いのことを言います。ただ、本罪は、公正な価格を害し又は不正の利益を得る目的をもって行われたものだけが処罰の対象となっており、その目的がなければ犯罪は成立しませんし、その目的があれば協定をすることによって既遂となり、公正な価格を害したかどうか、談合金を分配したかどうかは犯罪の成否に関係ないことになります。

2 逃走の罪（第6章）

1 逃走罪

97条　裁判の執行により拘禁された既決又は未決の者が逃走したときは、1年以下の懲役に処する。

本罪の主体は、裁判の執行により拘禁された既決又は未決の者です。既決の者としては、懲役・禁錮・勾留の刑によって拘禁された者、死刑判決を受けて死刑執行まで拘置されている者、罰金・科料を完納しなかったため労役場に留置された者が挙げられますし、未決の者としては、裁判確定前に拘禁されている被疑者及び被告人並びに鑑定留置中の者が挙げられます。逮捕状により逮捕された者や現行犯逮捕された者は、一時的な拘禁にすぎないので、未決の者の中には入らないとされています。これらは次条の主体に加えられている「勾引状の執行を受けた者」に当たるので、本条の主体にはならないと解されているのです。

本罪の行為である「逃走」とは、拘禁から離脱するため逃げることであり、

看守者の実力的支配から脱したときに既遂となります。既遂に達したあとは犯罪が終了しますが、法益侵害の状態が継続し違法状態が続きますので、「状態犯」になります。

2 加重逃走罪

> 98条　前条に規定する者又は勾引状の執行を受けた者が拘禁場若しくは拘束のための器具を損壊し、暴行又は脅迫をし、又は二人以上通謀して、逃走したときは、3月以上5年以下の懲役に処する。

　本罪の主体には、既決又は未決の者のほか、拘引状の執行を受けた者も含まれます。法令に規定された勾引状、逮捕状、引致状、同行状、収容状等によりその執行を受けた者がこれに当たります。本罪の行為は、前条と同じく「逃走」することですが、その方法は三つに限定されています。一つ目は、拘禁場（刑務所、警察の留置場等）又は器具（手錠、捕縄等）を「損壊」しての逃走です。この損壊とは、物理的に毀損・破壊することを意味しますので、合鍵を使用しての開扉は損壊に当たりません。二つ目は、「暴行又は脅迫」をしての逃走です。三つ目は、「二人以上通謀」しての逃走です。この通謀とは、本罪の主体となり得る者が少なくても二人いて、逃走について意思の連絡を行うことが必要です。

3 被拘禁者奪取罪

> 99条　法令により拘禁された者を奪取した者は、3月以上5年以下の懲役に処する。

　本罪の主体は、法令により拘禁された者ですから、前2条の主体よりも範囲が広くなります。現行犯として逮捕された者及び緊急逮捕されて逮捕状が発布される前の者も含まれます。本罪の行為は、「奪取」です。奪取の方法に制限はありませんが、奪取とは、被拘禁者を看守者の実力的支配から自己又は第三者の実力的支配下に移すことですから、単に逃走させただけでは本罪に当たりません。

4 逃走幇助罪

100条 ① 法令により拘禁された者を逃走させる目的で，器具を提供しその他逃走を容易にすべき行為をした者は，3年以下の懲役に処する。
② 前項の目的で，暴行又は脅迫をした者は，3月以上5年以下の懲役に処する。

本罪は目的犯であり，主体に制限はありませんが，次条で看守者らを重く処罰することになりますから，看守者らは除かれます。本罪の行為は，1項が逃走を容易にすべき行為であり，手段は問いません。器具の提供はその例示と言えます。2項は暴行又は脅迫ですが，逃走させる目的をもっての暴行・脅迫であることが必要です。奪取の目的で暴行・脅迫を加えたにもかかわらずその目的を遂げなかった場合，99条の未遂罪になるのか，本条2項の既遂罪になるのかについては問題がありますが，奪取の目的であった以上，重い99条の未遂罪で処断すべきものと思います。

5 看守者等逃走幇助罪

101条 法令により拘禁された者を看守し又は護送する者がその拘禁された者を逃走させたときは，1年以上10年以下の懲役に処する。

本罪の主体は，法令の根拠に基づいて看守又は護送する者であり，行為は，被拘禁者を「逃走させる」ことです。作為・不作為を問わず，逃走を惹起し，又は逃走を容易ならしめる一切の行為が該当します。

未遂罪の処罰規定
102条 この章の罪の未遂は，罰する。

③ 犯人蔵匿及び証拠隠滅の罪（第7章）

❶ 犯人蔵匿罪，犯人隠避罪

103条　罰金以上の刑に当たる罪を犯した者又は拘禁中に逃走した者を蔵匿し，又は隠避させた者は，2年以下の懲役又は20万円以下の罰金に処する。

① 主　体

本罪の主体には制限がありませんが，105条により，親族には特例が認められています。本罪の客体は，「罰金以上の刑に当たる罪を犯した者」と「拘禁中に逃走した者」です。「罰金以上の刑に当たる罪を犯した者」とは，法定刑に罰金又はそれ以上に重い刑が定められている罪を犯した者であり，拘留又は科料の罰則しかない侮辱罪（231条）や軽犯罪法違反は除かれます。罪を犯した者の中には，正犯者のみならず教唆者，幇助者も含まれますし，「真実その罪を犯した者」のほか，犯罪の嫌疑で「捜査又は訴追されている者」も含まれると解されています。なお真実その罪を犯した者というのは，その罪で有罪の確定判決を受けたという者に限らず，未だ捜査開始前の犯人であっても真犯人である以上，罪を犯した者であって，本罪の客体となります。「拘禁中に逃走した者」とは，自ら逃走した者のほか，第三者に奪取されて拘禁を離脱した者も含まれます。

② 行　為

本罪の行為は，「蔵匿」又は「隠避」です。蔵匿とは，場所を提供して犯人をかくまうことであり，隠避とは，蔵匿以外の方法により官憲の発見逮捕を免れさせる一切の行為を言います。例えば，変装させたり，旅費を与えたり，潜伏場所を提供したりして犯人を逃がしてやるとか，逃走中の者に捜査情報や家族の安否を教えて逃避の便宜を図ってやるとかする行為が隠避に当たります。そのほか身代わり犯人を仕立てたり，自己又は第三者が犯人であると虚偽の申立を捜査機関にすることも隠避に当たると解されています。

③ 故　意

本罪の故意は，蔵匿又は隠避される客体が「罰金以上の刑に当たる罪を犯

した者」又は「拘禁中に逃走した者」であることの認識が必要です。

　先ず，罰金以上の刑に当たる罪に関しては，その罪質の犯罪を犯した者であるという認識があれば足り，その法定刑が罰金以上であるということまでの認識は不要です。例えば，遺失物横領罪（254条）の犯人を蔵匿する際，その罪の犯人であるという認識さえあれば，その罪の法定刑が罰金以上であるということまでの認識は必要ありません。また他人から金を受け取った者を収賄罪（197条）の犯人と認識して蔵匿したところ，その事実が実は詐欺罪（246条）に当たるものであったとしても，犯人蔵匿罪の構成要件的故意は阻却されません。

　問題となるのは「罰金以上の刑に当たる罪を犯した者」の認識がない場合です。例えば蔵匿又は隠避される者が，外形的に器物損壊罪（261条）に当たる行為者であるとしても，蔵匿者においてそれが過失行為による器物損壊であると認識していたなら，同罪には過失の処罰規定がありませんから，不可罰となる行為者と認識して蔵匿したことになり，構成要件的故意が阻却され，犯人蔵匿罪は成立しません。また外形的に証拠隠滅罪（104条）に当たる行為者を隠避するにしても，その証拠改ざんが過失によって行われたものと認識した上での隠避ならば，同様に犯人隠避罪は成立しません（証拠隠滅罪も過失犯の処罰規定がありません。）。

2　証拠隠滅罪・偽造罪・変造罪，偽造証拠等使用罪

104条　他人の刑事事件に関する証拠を隠滅し，偽造し，若しくは変造し，又は偽造若しくは変造の証拠を使用した者は，2年以下の懲役又は20万円以下の罰金に処する。

　本罪の主体には制限がありませんが，次の105条により，親族には特例が認められています。本罪の客体は，「他人の刑事事件に関する証拠」です。現に起訴されて裁判中の事件のみならず，将来刑事事件になり得るものも含まれるとするのが判例・通説です。なお，「他人」の刑事事件ですから，自己の刑事事件に関する証拠を隠滅しても犯罪にはなりません。ただ，共犯事件でその証拠が共犯者の証拠にもなる場合は共犯者を他人と解して，本罪が成立するというのが判例の立場ですし，自己の刑事事件に関する証拠を隠滅

する場合であっても，他人を教唆して隠滅させた場合には証拠隠滅罪の教唆犯になると解されています。

本罪の行為は，「隠滅」，「偽造」，「変造」，「使用」ですが，このうち隠滅とは，証拠そのものを物理的に消滅させる行為だけでなく，証拠の顕出を妨げ又はその効力を滅失減少させる行為も含まれると解されています。

> 親族による犯罪に関する特例
> 105条　前2条の罪については，犯人又は逃走した者の親族がこれらの者の利益のために犯したときは，その刑を免除することができる。

親族が犯人のために犯人隠避，証拠隠滅等の罪を犯しても，人間の本性としてはやむを得ないと考え，宥恕すべき事情として期待可能性が乏しいことを考慮した規定です。

❸ 証人等威迫罪

> 105条の2　自己若しくは他人の刑事事件の捜査若しくは審判に必要な知識を有すると認められる者又はその親族に対し，当該事件に関して，正当な理由がないのに面会を強請し，又は強談威迫の行為をした者は，1年以下の懲役又は20万円以下の罰金に処する。

本罪の客体は，条文上明らかですが，「知識を有すると認められる者」とは，現実に知識を有している者のみならず，客観的な事情から知識を有していると認められる者，例えば犯行現場を通りかかったものの，犯人を目撃していなかった者も含まれますし，知識を有すると認められる者であれば，捜査機関に取調べを受ける前後は問われません。

本罪の行為は，「面会の強請」，「強談威迫の行為」ですが，前者は，相手方に面会の意思がないのに強いて面会を求めることであり，後者は，言語又は挙動をもって自己の要求に応ずるように迫ったり気勢を示して不安困惑の念を生じさせることを言います。

4 偽証の罪（第20章）

1 偽証罪

169条　法律により宣誓した証人が虚偽の陳述をしたときは，3月以上10年以下の懲役に処する。

① 本罪の主体

本罪の主体は，「法律により宣誓した証人」という身分犯です。そして，結果犯と異なり，結果の発生は構成要件要素ではなく，行為者の一定の行為だけで犯罪が成立するという構成要件（単純行為犯又は挙動犯と呼ばれます。）になっているので，当然のことながら未遂処罰規定はありません。この点は171条の鑑定人らも同様です。なお，「宣誓した証人」ですから，宣誓は有効であることを要します。宣誓無能力者（刑事訴訟法155条，民事訴訟法201条2項）が誤って宣誓しても，その宣誓は無効ですから本罪の主体にはなりません。

② 本罪の行為

本罪の行為は，「虚偽の陳述をする」ことですが，虚偽の意義について，客観説と主観説の対立があります。

- a　客観説　陳述の内容が客観的真実に反することが虚偽の陳述であり，自己の記憶と異なることを陳述したとしてもそれが客観的真実と合致していれば，犯罪不成立とする見解
- b　主観説　自己の記憶に反する内容の陳述が虚偽の陳述であり，客観的には真実に合致しない誤りであったとしても，記憶に忠実に陳述すれば犯罪は成立せず，記憶に反する陳述をしたならばそれがたまたま客観的真実に合致する内容であったとしても犯罪は成立するとする見解

判例・通説は，主観説を採っています。記憶に反する証言自体に裁判を誤らせる抽象的危険が含まれているというのがその理由です。例えば，証人が自己の記憶に反する事実と認識しながらも客観的真実と信じて陳述した場合に，実際はその陳述内容が客観的事実に反していたとき，客観説によれば，構成要件的故意を欠き犯罪不成立となってしまいますが，この結論には賛成できません。主観説によれば，本罪の故意は陳述の内容が自己の認識に反す

ることの認識があれば足りますので，前記の例では故意は阻却されず偽証罪が成立します。

|自白による刑の減免|
170条　前条の罪を犯した者が，その証言をした事件について，その裁判が確定する前又は懲戒処分が行われる前に自白したときは，その刑を減軽し，又は免除することができる。

2 虚偽鑑定罪，虚偽通訳罪，虚偽翻訳罪

171条　法律により宣誓した鑑定人，通訳人又は翻訳人が虚偽の鑑定，通訳又は翻訳をしたときは，前2条の例による。

　本罪の主体は条文上明らかですし，行為の「虚偽の鑑定等」は前条で説明したことと同様です。任意的減免規定も適用されます。

5 虚偽告訴の罪（第21章）

1 虚偽告訴罪（誣告罪）

172条　人に刑事又は懲戒の処分を受けさせる目的で，虚偽の告訴，告発その他の申告をした者は，3月以上10年以下の懲役に処する。

　本罪は目的犯であり，行為は「虚偽の」告訴，告発，その他の申告をすることですが，本罪における虚偽とは，申告の内容となっている事実が客観的真実に反することを言います。偽証罪（169条）におけるような主観説，客観説の争いはなく，本罪では，客観的真実に反すると認識しながら申告をした場合でもその内容が客観的真実に合致していれば，保護法益が侵される虞はないからです。

|自白による刑の減免|
173条　前条の罪を犯した者が，その申告をした事件について，その裁判が確定する前又は懲戒処分が行われる前に自白したときは，その刑を減軽し，又は免除することができる。

第3章　汚職の罪

　刑法は，**汚職の罪**（第25章）として，193条〜198条に規定を置き，職権濫用の罪と賄賂の罪を処罰することにしています。いずれの罪も未遂罪の処罰規定はなく，過失を処罰する規定もありません。

1　職権濫用の罪

1　公務員職権濫用罪

> 193条　公務員がその職権を濫用して，人に義務のないことを行わせ，又は権利の行使を妨害したときは，2年以下の懲役又は禁錮に処する。

　本罪の主体は，公務員であり，身分犯です。本罪の行為は，手段として「職権を濫用」することであり，暴行・脅迫を手段とする強要罪（223条）とはその点に差異があります。職権の濫用とは，職務上一般に有している権限の範囲を超えて不当な行為をすることです。その前提として当該公務員に抽象的職務権限があることが必要です。自己の職務権限と無関係な行為であればいかに不当な行為であっても本罪には当たりません。結果となる「義務のないことを行わせ」又は「権利の行使を妨害したとき」とは，前者が義務の面から，後者が権利の面から規定したものであって実質的には同じであり，いずれも事実上のものでは足りず，法律上の義務・権利を意味します。

2　特別公務員職権濫用罪

> 194条　裁判，検察若しくは警察の職務を行う者又はこれらの職務を補助する者がその職権を濫用して，人を逮捕し，又は監禁したときは，6月以上10年以下の懲役又は禁錮に処する。

本罪の主体は，身分犯として条文上に列記されており，これらを総称して「特別公務員」と呼んでいます。「補助する者」とは，裁判所書記官，検察事務官，司法巡査など職務上補助者の地位にある者を言い，事実上補助する者は該当しません。例えば，警察官の要請で不法に現行犯人を逮捕することになった私人には，本罪は適用されません。本罪の行為は，職権を濫用して逮捕又は監禁することですが，職権を濫用する点で，通常の逮捕・監禁罪（220条）より，刑が重く定められていますので，本罪が成立するときは，逮捕・監禁罪は本罪に吸収されます。

3 特別公務員暴行陵虐罪

> 195条 ① 裁判，検察若しくは警察の職務を行う者又はこれらの職務を補助する者が，その職務を行うに当たり，被告人，被疑者その他の者に対して暴行又は陵辱若しくは加虐の行為をしたときは，7年以下の懲役又は禁錮に処する。
> ② 法令により拘禁された者を看守し又は護送する者がその拘禁された者に対して暴行又は陵辱若しくは加虐の行為をしたときも，前項と同様とする。

本条1項の罪の主体は前条と同様ですし，2項の主体は「看守又は護送する者」ですが，2項も含めた主体を「特別公務員」と呼ぶこともあります。

本罪の客体は，1項が「被告人，被疑者その他の者」であり，2項が「法令により拘禁された者」です。1項の「その他の者」とは，裁判，検察，警察の職務を行う上でその対象となる証人，参考人らとなります。

4 特別公務員職権濫用等致死傷罪

> 196条 前2条の罪を犯し，よって人を死傷させた者は，傷害の罪と比較して，重い刑により処断する。

本罪は結果的加重犯であり，死傷の結果について故意がない場合に成立します。刑は傷害の刑と比較して重い刑により処断することになりますので，傷害の結果が発生した場合は法定刑の上限を15年以下の懲役と定めた重い傷害罪の204条が原則として適用されますし，死の結果が発生した場合は法定刑を3年以上の有期懲役と定めた重い傷害致死罪の205条が適用され，これは裁判員裁判の対象事件となります。

ところで前者の例で上限が重い傷害罪のみの刑罰を適用するとなると，傷害罪の法定刑の下限が「50万円以下の罰金」となっているので，罰金刑の定めがない特別公務員職権濫用等致傷罪が成立するにもかかわらず，罰金刑を適用するという事態も生じかねません。そこで「重い刑により処断する」というのは，各罪の法定刑を比較してその上限も下限も重い刑によるものと解されており，特別公務員職権濫用等致傷罪は，6月以上15年以下の懲役という処断刑の範囲内で，刑が科せられることになるのです。

2 賄賂の罪

公務員の職務に関して，金銭その他の利益による賄賂が伴うとなりますと，職務の公正はもとより，その威信も失われますので，公務員の職責の重さにかんがみ，社会の信頼を確保するため，国・公共団体の作用を害する罪として，賄賂の罪が置かれています。

賄賂の罪の本質に関しては，二つの立法主義があり，その一つは職務の正・不正を問わず賄賂の収受そのものを罰するという「職務の不可買収性」（職務を金で売ってはならない）を重視する考え方，他の一つは不正な職務に対する報酬を罰するという「職務の純粋性・不可侵性」（職務の不正は許されない）を重視するという考え方ですが，日本の刑法は，職務上の義務に違反しない場合でも賄賂罪の成立を認めていますので，基本的には前者の考え方に沿いつつ，他面，職務上の義務違反を伴う場合にはその刑を加重していますので，後者の考え方も加味していると言えます。

> 197条 ① 公務員が，その職務に関し，賄賂を収受し，又はその要求若しくは約束をしたときは，5年以下の懲役に処する。この場合において，請託を受けたときは，7年以下の懲役に処する。
> ② 公務員になろうとする者が，その担当すべき職務に関し，請託を受けて，賄賂を収受し，又はその要求若しくは約束をしたときは，公務員となった場合において5年以下の懲役に処する。

本条1項前段が収賄罪（単純収賄罪とも言います。），1項後段が受託収賄罪，2項が事前収賄罪を定めた規定です。

1 収賄罪（197条1項前段）

① 主体

本罪の主体は，公務員であり，身分犯です。公務員の定義は7条1項に定められていますが，賄賂の罪の主体となる公務員としては，他の法令により公務員とみなされる者も含まれます。例えば，日本銀行の役員及び職員（日本銀行法30条），準起訴手続により起訴された事件の検察官の職務を行う指定弁護士（刑事訴訟法268条3項），国立大学法人の役員及び職員（国立大学法人法19条）等がこれに当たります。また，職務の公共性にかんがみ，特別法により公務員以外の者にも賄賂罪の適用を拡張していることに留意が必要です。例えば，株式会社の発起人，取締役等の役員（会社法967条），破産管財人等（破産法273条），土地改良区の役員等（土地改良法140条）など，その例は多岐にわたります。

なお，賄賂罪は典型的な真正身分犯です。

刑法総論の学習事項㉝
―共犯と身分（収賄罪）―

収賄罪は，公務員の身分が犯罪成立の要件となっている「真正身分犯」であり，真正身分犯の共犯に関しては，加担犯（教唆犯・幇助犯）に限らず共同正犯の場合にも65条1項が適用されるというのが判例・通説の見解です。したがって非公務員であっても，職務権限のある公務員と共謀して収賄した場合には，非公務員にも共同正犯として収賄罪が成立すると判断されます。例えば公務員が妻に情を打ち明けて，職務に関し，二人一緒に供応接待を受けたり，金品の交付を受けたりしたら，公務員でない妻にも収賄罪が成立し共同正犯になります。もし公務員が妻に情を打ち明けず，妻を介して金品の交付を受けた場合なら，公務員には収賄罪が成立しますが，妻は不可罰です。

---

② 本罪の相手方

本罪の相手方に関しては，別に制限はなく，相手方には198条の贈賄罪が適用されますので，必要的共犯の関係になります。したがって，贈賄者が相手に収賄を教唆又は幇助した上で，賄賂を贈ることになっても，贈賄者には

贈賄罪が成立するだけで，賄賂を受け取った相手の収賄罪に係る教唆犯，幇助犯は成立しません。

③ 客体

本罪の客体は，賄賂です。賄賂とは，職務に関する不法な利益を言います。「職務に関する」ものでなければなりませんから，職務に無関係な贈物等は賄賂になりませんし，中元・歳暮・慶弔の贈答が相当な範囲内のものであるなら，社交上の儀礼としてやはり職務に関しない贈物となり，賄賂に当たらないと解されます。ただ，社交上の名目のもとで賄賂の授受が行われることも多いので，賄賂となるかどうかの判断は，実質的な利益の程度，趣旨，人間関係等の諸事情を社会通念に従って客観的・総合的に検討した上で，決定されることになると思われます。「不法な利益」とは，人の欲望を満たすに足りる一切の利益を言い，有形無形を問いませんから，財産犯における財物とか財産上の利益に限りません。したがって金品，酒食の供応接待，金融の利益，債務の弁済等のほか，職務上の有利な地位，芸妓の演芸，異性間の情交なども，すべて賄賂となります。

④ 行為

本罪の行為は，「その職務に関し」，賄賂を「収受」し，又は「要求」し，若しくは「約束」をすることです。

「その（公務員の）職務」とは，判例によれば，本来の職務行為すなわち法令上一般的にその職務権限に属するものばかりでなく，これと密接な関係を有する準職務行為又は事実上所管する職務行為も含まれるとされています。これを「職務密接関連行為」と言いますが，例えば，県議会議員が議案の賛成を得るために他の議員を勧誘すること，市立病院の薬学科の医師が病院の薬品購入手続で伝票を作成することなどは，職務密接関連行為と解されます。また，一般的にその職務権限に属する行為であれば，たとい内部的な事務分配によって自己の担当とされていなくても，自己の職務に当たります。

「収受」とは，有形の利益を取得することであり，無形の利益の場合はこれを現実に享受することです。「要求」とは，賄賂の交付を求める意思を明示的又は黙示的に表示することですし，「約束」とは，相手方からの賄賂の申込みを承諾することです。もちろん，要求罪，約束罪は，そのまま収受ま

で進んだ場合，収受罪に吸収され収受罪のみが成立することになります。

2 受託収賄罪（197条1項後段）

本罪は，「請託を受けた」ことにより，前段の単純収賄罪の刑が加重される罪です。

「請託」とは，一定の職務行為を行うことを依頼することであり，正当な職務行為の依頼か不正な職務行為の依頼かは問いません。このような依頼を承諾することが「請託を受けた」ことになります。請託を受けた収賄は，職務と賄賂との対価関係が一層明確となりますから，職務の公正に対する社会の信頼がそれだけ強く侵害されることになりますので，刑が加重されているのです。

3 事前収賄罪（197条2項）

本罪は，その主体が「公務員になろうとする者」であり，公務員になることが予定されている者の収賄であり，公務員になったときに初めて処罰されることになります。したがって，この規定は処罰条件ですから，その者が公務員にならなかった場合には本罪は成立しません。

4 第三者供賄罪

> 197条の2　公務員が，その職務に関し，請託を受けて，第三者に賄賂を供与させ，又はその供与の要求若しくは約束をしたときは，5年以下の懲役に処する。

本罪は，公務員自らが賄賂を取得するのではなく，第三者に取得させ又はその供与の要求若しくは約束をする点で，他の収賄罪と異なります。ここで言う「第三者」とは，主体である公務員以外の者を言いますが，自然人のみならず法人，法人格のない団体も含まれます。例えば，警察署長がその職務に関し，業者から請託を受けて，自動車一台の提供を受ける際，自分ではなく警察署に提供させて警察署全体で使用するときは，署長個人と異なる警察署が第三者ということになります。供与を受ける第三者が賄賂であるという事情を知っている必要はありません。

5 加重収賄罪，事後収賄罪

197条の3 ① 公務員が前２条の罪を犯し，よって不正な行為をし，又は相当の行為をしなかったときは，1年以上の有期懲役に処する。
② 公務員が，その職務上不正な行為をしたこと又は相当の行為をしなかったことに関し，賄賂を収受し，若しくはその要求若しくは約束をし，又は第三者にこれを供与させ，若しくはその供与の要求若しくは約束をしたときも，前項と同様とする。
③ 公務員であった者が，その在職中に請託を受けて職務上不正な行為をしたこと又は相当の行為をしなかったことに関し，賄賂を収受し，又はその要求若しくは約束をしたときは，5年以下の懲役に処する。

1項，2項が加重収賄罪，3項が事後収賄罪を定めた規定です。

① 加重収賄罪（197条の3第1項・2項）

本罪は，公務員が前記記載の賄賂の罪を犯し，よって「不正な行為をし又は相当の行為をしなかった」場合，及び職務上「不正な行為をし又は相当の行為をしなかった」ことに関し賄賂を収受するなどした場合に，刑を加重するとしたものです。

「不正な行為をし又は相当の行為をしなかった」とは，積極的又は消極的行為により職務に違反する一切の行為を指します。例えば，県議会議員が議会に出席しないこと，警察官が証拠品の押収を取り止めること，警察官が被疑事件を検察庁に送致しないことなどはこれに該当します。

② 事後収賄罪（197条の3第3項）

本罪の主体は，「公務員であった者」であり，その行為は，在職中に「請託」を受けて，「不正な行為をしたこと」又は「相当の行為をしなかったこと」に関し，賄賂を収受，要求，約束することです。事後収賄ですから，退職後の収受等で犯罪が成立します。公務員の地位はそのままで，一般的職務権限を異にする他の職場に転任又は転職した後に収受した場合は，引き続き公務員である以上，本罪ではなく単純収賄罪又は受託収賄罪若しくは加重収賄罪が成立すると解されています。

6 あっせん収賄罪

197条の4 公務員が請託を受け，他の公務員に職務上不正行為をさせるように，又は相当の行為をさせないようにあっせんをすること又はしたことの報酬として，賄賂を収受し，又はそ

の要求若しくは約束をしたときは，5年以下の懲役に処する。

　本罪の客体は，賄賂ですが，他の収賄罪における賄賂と違って，自己の職務に関する不法な利益ではなく，「あっせん」行為に関する不法の利益という点が重要です。あっせんとは，交渉や商売などで，間に入って双方がうまくいくように取り計らうことと説明されますが，このような口利き，いわば公務員が顔を利かせて他の公務員の職務に関し，あっせんして賄賂を収受することは，従前処罰規定がなく放任されてきました。しかし，このようなあっせん行為も職務の公正を害し社会の信頼を失わせるものですから，本罪が設けられ，政治家等の汚職防止に役立つこととなったのです。

　本罪の条文中の「職務上」というのは，その規定からも明らかなように，他の公務員の職務に関してという意味です。したがって，他の公務員の職務行為として職務密接関連行為も含まれることは言うまでもありません。なお，他の公務員にあっせんするその「あっせん行為」自体が，賄賂を収受する公務員の職務行為又は職務密接関連行為であった場合は，本罪でなく通常の賄賂罪が成立することになります。

必要的没収・追徴
　197条の5　犯人又は情を知った第三者が収受した賄賂は，没収する。その全部又は一部を没収することができないときは，その価額を追徴する。

　本条は，賄賂という不正の利益は保持させないという法の趣旨を徹底したものです。ところで，この条文によって「没収」できるのは，犯人又は情を知った第三者が収受した賄賂ですから，収受されなかった賄賂は，この条文によって没収することはできません。しかしその場合でも19条の没収に関する一般規定により犯罪組成物件として任意的に没収することが可能となっています。「追徴」とは，没収の対象となる賄賂が，その性質上没収することができないもの（酒食，遊興費，供応接待費等）や滅失費消して没収できなくなった場合に科せられる価額であり，価額の算定時期は授受当時の価額とされています。

7 贈賄罪

198条 第197条から第197条の4までに規定する賄賂を供与し，又はその申込み若しくは約束をした者は，3年以下の懲役又は250万円以下の罰金に処する。

　本罪の主体は制限がありません。本罪の相手方はこれまで説明した各収賄の罪の主体である公務員です。したがって，事前収賄罪に対応する場合は，相手方が公務員になった場合に処罰されます。

　本罪の行為は，「供与」又は「申込み」若しくは「約束」ですが，各収賄の罪と対応して，請託をしてする場合とそうでない場合とがあります。供与とは，賄賂を交付し，相手方がこれを収受すること（賄賂と認識して取得すること）です。したがって，相手方が受領を拒絶するとか受領してもそれが賄賂であるとは思わなかったときは，供与にならず，申込みにとどまります。収賄罪と同様に，贈賄罪も，申込み，約束の後，供与が行われれば，申込み罪，約束罪は供与罪に吸収され供与罪のみが成立することになります。

　なお，公訴時効の観点から収賄罪，贈賄罪を見てみますと，公訴時効の完成は，刑訴法250条5号で，長期10年未満の懲役又は禁錮に当たる罪については5年，同条6号で，長期5年未満の懲役若しくは禁錮又は罰金に当たる罪については3年と定められています。したがって，犯罪行為が終わった時から3年以上が経過した後に汚職事件の捜査が開始された場合には，収賄の罪は犯罪に問うことができますが，贈賄罪は公訴時効の完成により公訴を提起することができないことになります。

第 4 編　規制薬物に対する罪

1　序　論

　我が国における薬物の規制に関しては，刑法のほかに特別法として「あへん法」，「麻薬及び向精神薬取締法」(以下，単に「麻薬取締法」と言います。)，「大麻取締法」，「覚せい剤取締法」，「国際的な協力の下に規制薬物に係る不正行為を助長する行為等の防止を図るための麻薬及び向精神薬取締法等の特例等に関する法律」(以下，単に「麻薬特例法」と言います。)の五法があります。

　これら薬物犯罪は発生件数も多く，国民の健康保持と安心・安全な生活が脅かされる上，薬物使用者の身体を蝕み，かつ，薬物に係る不正行為により多額の不法収益を獲得する者が跳梁跋扈するようになったため次第に規制が強化され，特に覚せい剤と麻薬中のヘロインについては，営利目的で輸出入した者に対し，法定刑に無期懲役も含まれる罰則が適用されることになりました(裁判員裁判の対象事件)。また，薬物犯罪を経済的側面から規制するため麻薬特例法が制定され，悪質な薬物事犯の行為を業とした者に対しては，さらに罰金刑を必要的併科とする重罪が科せられるようになった上，不法収益等を没収する旨の規定も置かれました。

2　薬物の定義と犯罪性

①　覚せい剤

　覚せい剤とは，フェニルアミノプロパン，フェニルメチルアミノプロパン及びその塩類並びにこれらを含有する物を言います。覚せい剤は，中枢神経興奮作用を有し，使用すると疲労感，不快感が除かれると言われていますが，他方生理的疲労に対する自覚がなくなって過労，不眠状態に陥り，不安感，恐怖感が生じて判断力，集中力を欠くようになり，精神に異常を来して粗暴になる者，無気力状態になる者，妄想・幻覚症状を呈する者と種々雑多な症状が現れ，その結果凶悪な犯罪を敢行するに至る例が少なくありません。覚せい剤は現在国内に広く流通して最も濫用されている薬物であり，犯罪も頻

発しているところ，国内に流通する覚せい剤の大部分は外国から輸入されており，これに関与する暴力団も多く，その資金源になっていることから，覚せい剤事犯の防止・撲滅は国民の悲願とも言えます。

② **麻薬及び向精神薬**

麻薬とは，麻薬取締法2条1号による別表第1に掲げられた74品目と，同別表に基づく政令で指定された57品目などを言い，別表第1に掲げられた麻薬の中に，ジアセチルモルヒネ（別名「ヘロイン」），モルヒネ，コカインなどがあり，政令で指定された麻薬の中にリゼルギン酸ジエチルアミド（略称「LSD」）などがあります。

ヘロイン，モルヒネとも白色の結晶で，使用により不機嫌・不快感を取り除き恍惚感を生みますが，中枢神経に対する麻酔作用を有しているため継続使用によって慢性中毒になると，不眠・不安状態で精神に異常を来し道徳心・理性の喪失により犯罪性向がうかがわれるようになります。また大量使用による急性中毒の場合は，興奮・妄想等により犯罪に走りやすくなるほか，昏睡から死に至ることもあり，危険な薬物と言えます。ヘロインの麻酔作用はモルヒネの4倍から8倍と強力ですから，処罰の法定刑も重く定められています。コカインは，無色又は白色の結晶粉末で中枢神経に麻痺的な作用をもたらし，身体の衰弱・重篤な精神障害に陥らせて性格の破綻を生じさせる危険な薬物です。LSDは，いわゆる幻覚剤であり，中枢神経に興奮作用をもたらして，幻覚・幻視を伴う精神障害を招来させます。薬理作用による有害性はヘロインが一番強いので，その他の麻薬と比べて罰則が重く定められています。

向精神薬とは，麻薬取締法2条6号による別表第3に掲げられた物と，同別表に基づく政令で指定された物を言い，いずれも中枢神経系に作用して精神機能に影響を及ぼすものです。濫用された場合の有毒性は麻薬に比べると低いので，処罰の法定刑も有害性の程度に応じて軽く定められています。

③ **あへん**

あへん法は，あへんのほか，あへんの原料となるけし，けしがらも規制の対象としています。あへんとは，けしの液汁が凝固したもの（生あへん）及びこれに加工を施したもの（あへん煙）を言い，医薬品として加工した

もの（あへん末）は除きます。あへん末はあへん法上のあへんに該当しませんが，モルヒネ等を含んでいるため麻薬取締法の適用を受けることになっています（別表第1・76号）。あへんの薬理作用はモルヒネとほぼ同じです。

なお，第14章の刑法の「あへん煙に関する罪」は，あへん法の処罰規定と競合するものが多く，実際上は法定刑の重いあへん法違反の罪で処罰されることになっています。ただ，あへん法に規定のない罪については刑法が適用されることになります（例えば，あへん煙製造罪，あへん吸食器具輸入罪・製造罪・所持罪など）。

④ 大　麻

大麻とは，大麻草（カンナビス・サティバ・エル）及びその製品を言い，大麻草の成熟した茎及びその製品，大麻草の種子及びその製品を除きます（同法1条）。ただし，大麻樹脂は大麻に含まれます。大麻の摂取は五感の亢進が見られ精神的に陶然となり，多幸感をもたらす一方，衝動的で興奮状態になり感情の不安定から暴力的な行動に及ぶことがあります。

3 禁止される行為

① 輸　入

輸入とは，一般的には国外から国内に物品を搬入することです。そして搬入した時点で輸入は既遂になると解されていますが，物品の流れの中でどの段階に至ったときに搬入と言えるかに関して

　　a　領域説　薬物を搭載した船舶や航空機が日本の領海内，領空内に入ったときが搬入で輸入の既遂
　　b　陸揚げ説　船舶の場合は領土内に陸揚げしたとき，航空機の場合は機内から地上に取りおろしたときが搬入で輸入の既遂
　　c　到着説　船舶の場合は陸揚げしたときであるが，航空機の場合は領土内の空港に到着したときが搬入で輸入の既遂
　　d　通関説　税関の支配が及んでいる保税地域等の場所では通関線を通過したときが搬入で輸入の既遂

という見解が対立していますが，判例・通説はｂの陸揚げ説を採っています。薬物の輸入で重要なことは，搬入することにより国内で濫用される危険性がある状態を作り出すことにありますから，領域説では早すぎ，通関説では遅すぎ，また到着説のように船舶と航空機とを区別する理由もないことから，陸揚げ説が妥当のものと思います。なお，関税法による輸入罪は規制の趣旨・目的が違い，通関手続を経ない密輸入・無許可輸入等の防止を主眼にしていますので，薬物犯罪の輸入罪とは既遂時期が異にし，通関説を採っています。

② 輸　出

輸出とは，国外に仕向けられた船舶，航空機等の輸送機関に物品を積載することです。この段階で国外搬出の危険性が生じたと解されるからです。

③ 所　持

所持とは，人が物を保管する実力的支配関係を内容とする行為であり，実力的支配関係があるかどうかは諸般の事情を斟酌して社会通念によって決定されます。判例の趣旨を敷衍すれば

- 直接手にしている必要はなく，管理の及ぶ範囲に保管していれば足りる。
- 排他的に支配していなくても他人に知られない方法による隠匿で足りる。
- 所有権，所有の意思，動機・目的は問わない。

と解され，実力的支配関係が認められれば時間的継続は不要であり，他人を介しての所持も認められます。

④ 製　造

覚せい剤取締法を例にしますと，覚せい剤の製造とは，科学的合成によって覚せい剤以外のものから覚せい剤を作り出すことを言い，覚せい剤を精製すること（精製），覚せい剤に化学的変化を加えて又は加えないで他の覚せい剤にすること（製剤），及び覚せい剤を分割して容器に収めること（小分け）をすべて含みます。しかし麻薬取締法では，製剤と小分けを，製造と区別して処罰の対象にしていますので，製造の定義は覚せい剤取締法と麻薬取締法とでは異なっており，覚せい剤取締法の方が広くなっています。

⑤ 譲渡し，譲受け

譲渡しとは，物の所持の移転であって，売買，贈与，交換等による所有権移転のほか，売却の斡旋を依頼して引渡しを行うような処分権付与を伴う所持の移転も含みます。譲受けとは，譲渡しの反対概念であって，物についての法律上又は事実上の処分権限を与えられて所持の移転を受けることを言います。

⑥ 使　用（施用）

使用とは，薬物としての用法に従って用いる，すなわち薬物として消費する一切の行為を言い，注射，経口投与，塗布，吸入その他の方法により自分又は他人の身体に摂取又は投与することです。覚せい剤取締法では「使用」を一般的に禁止し，適法な覚せい剤の使用を「施用」と呼んで，覚せい剤施用機関において診療に従事する医師等による施用は原則として処罰しないことにしています。麻薬取締法では，麻薬施用者等の適法な麻薬の施用を罰せず，その他の者の「施用」「受施用」とを処罰する形式を取っています。あへん法では，「吸食」の方法による使用が処罰されることになっています。

4　営利目的事犯

　覚せい剤，麻薬及び向精神薬，あへん，大麻に係る各行為に関しては，それぞれ営利目的による場合の加重処罰規定が設けられていますが，このうち覚せい剤の輸出入・製造とヘロインの輸出入・製造の罪には法定刑として無期懲役が定められており，裁判員裁判の対象事件となっています。そこで，以下覚せい剤取締法における営利目的による輸入罪について説明します。

41条　①　覚せい剤を，みだりに，本邦若しくは外国に輸入し，本邦若しくは外国から輸出し，又は製造した者（第41条の5第1項第2号に該当する者を除く。）は，1年以上の有期懲役に処する。
　　　②　営利の目的で前項の罪を犯した者は，無期若しくは3年以上の懲役に処し，又は情状により無期若しくは3年以上の懲役及び1000万円以下の罰金に処する。
　　　③　前2項の未遂罪は，罰する。
　　（麻薬取締法64条に，ヘロインに関して，ほぼ同様の規定があります。）

①　目的犯（営利の目的）

営利の目的とは，当該犯罪行為の動機が財産上の利益を得，ないしはこれを確保する目的に出たことを言い，必ずしも反復継続的に利益を得る目的であることを要しないとされています。このような目的があれば，行為自体が大胆，大規模に行われることも多いため，刑を加重する必要性があるとして，41条は1項の非営利による輸入罪等のほか，2項で目的犯の定めを設け，行為者を身分犯として厳罰に処することにしているのです。

②　「みだりに」の意義

「みだりに」とは，社会通念上正当な理由があるとは認められない行為という意味になります。

③　覚せい剤の認識

輸入罪に限らず覚せい剤事犯の罪が成立するためには，行為者が覚せい剤であることの認識を有していることが必要ですが，覚せい剤の可能性がある違法な薬物という未必的な認識で足り，詳しい化学名や成分，効用等までは認識する必要がありません。ただ違法な薬物という認識が全くない場合や，別の薬物と誤信していた場合の処理が問題になります。

刑法総論の学習事項㉞
―構成要件的故意，構成要件的錯誤（薬物犯罪）―

例えば，Xが外国から覚せい剤100キログラムを鞄に入れて飛行機で日本に到着し通関する際に検挙された場合，客観的に覚せい剤を輸入したことは間違いありませんが，Xが「他人から預かったものなので，鞄の中身が覚せい剤とは知らなかった」とか「中身は塩か砂糖の類のものであり，違法な薬物とは知らなかった」などと弁解し，その弁解を覆す証拠がないとしたら，Xには覚せい剤を輸入するという事実の認識がありませんから，構成要件的故意がないことになり，覚せい剤の輸入罪は成立しないことになります。ただ検挙された直後に不審な言動を行ったり，鞄を預かった経緯等について合理的な説明ができなければ，Xがいくら弁解しても覚せい剤の認識があったものと認定して有罪にすることも可能です。これが事実認定に関する自由心証主義ですが，それでも有罪の確信が持てないときは「疑わしきは被告人の利益に」（推定無罪）という立場で無罪にすることに

なります。裁判員裁判における営利目的による覚せい剤や麻薬の輸入事件で，中身を知らなかったという弁解が通用して無罪が言い渡される例がありますが，現実に覚せい剤を運搬して来た者の弁解を殊更重視し，背景事情を含めた関係者の供述や情況証拠による証明の信用力を過小評価して，頑なに推定無罪の立場で判断するとなるとその是非が今後問われることになるかも知れません。

　次に，前記の例で，Ｘが「中身が覚せい剤とは知らなかったが，何か法令で規制されている違法な薬物であるとは思っていた」と，未必的ではあっても規制薬物との認識があったことを認めている場合は，構成要件的故意が阻却されず，覚せい剤の輸入罪が成立するものと解されますが，問題は，①覚せい剤をコカインと誤信して輸入した場合，②又はその逆の場合，③若しくは覚せい剤をヘロインと誤信して輸入した場合，④又はその逆の場合，つまり構成要件的錯誤があった場合にいかなる罪が成立するかということです。適用罪名（法律）が違うことから抽象的事実の錯誤となりますが，法定的符合説によって検討しますと，同じ薬物犯罪で行為態様も同じことから構成要件的に重なり合う限度で故意責任を認めることになりますので，営利目的がある事案では①，②とも法定刑の軽いコカインの輸入罪（麻薬取締法違反・同法65条2項で1年以上の有期懲役又は情状により500万円以下の罰金の併科）が適用されて処罰されることになります。③，④の場合は法定刑が同じなので（覚せい剤取締法41条2号，麻薬取締法64条2号），適用罪名だけが問題となりますが，判例の趣旨を敷衍すると，現実に輸入した薬物の罪名を適用するものと思われます。したがって③は覚せい剤取締法違反，④は麻薬取締法違反が成立することになります。

　ところで，麻薬取締法上の麻薬の種類は多種多様であり，規制の態様・違反行為に対する罰則の内容も多少異なっているため，いかなる麻薬であるかの認識は重要ですが，認識内容を特定できないことも少なくありません。そこで麻薬取締法76条は，みなし規定を置き「ヘロインであるかあへん末であるか又はそれ以外の麻薬であるかを知ることができない麻薬については，それ以外の麻薬とみなす。」旨を定めています。

事項索引

あ

あっせん収賄罪 …………200
あへん ……………………206
あへん煙吸食器具輸入等罪
　………………………140
あへん煙吸食罪 …………140
あへん煙吸食場所提供罪
　………………………140
あへん煙等所持罪 ………141
あへん煙輸入等罪 ………140
あへん法 …………………205

い

遺棄 …………………32, 170
遺棄罪 ……………………32
遺棄致死傷罪 ……………34
囲繞地 ……………………55
遺失物 ……………………110
委託者 ……………………106
委託信任関係 ……………107
委託の趣旨 ………………107
一人制 ……………………3
移転説 ……………………81
畏怖・困惑 ………………103
違法状態維持説 …………115
違法性阻却事由 ……8, 20, 56
違法性阻却事由説 ………65
違法性の意識 ……………183
違法性の錯誤 ……………183
意味の認識 ………………166
威力 ………………………185
威力業務妨害罪 …………68
因果関係
　……6, 10, 21, 42, 85, 91, 98, 103
淫行勧誘罪 ………………166
印章 …………………151, 162
隠匿 ………………………184

え

隠匿説 ……………………81
隠避 ………………………189

え

営利目的 …………………209
営利目的等拐取罪 ………49
越権行為説 ………………108
LSD ………………………206
延焼罪 ……………………131

お

往来危険罪 ………………137
往来危険による汽車等転覆等罪
　………………………138
往来妨害罪 ………………137
往来妨害致死傷罪 ………137
横領 ………………………108
横領罪 …72, 79, 82, 105, 106, 115
汚職の罪 …………………194
汚染 ………………………142

か

害悪の告知 …………47, 102
外患陰謀罪 ………………177
外患援助罪 ………………177
外患誘致罪 ………………177
外患予備罪 ………………177
外国国旗等損壊罪・除去罪・汚損罪
　………………………178
外国通貨偽造罪・変造罪
　………………………146
会社法 ……………………197
拐取 ………………………49
外部的名誉 ………………60
解放による刑の減軽 ……52
確信犯 ……………………175
覚せい剤 …………………205

覚せい剤取締法 ……205, 209
覚せい剤取締法違反 ……211
瑕疵ある意思 ……………97
過失 ………………………26
過失往来危険罪 …………139
過失激発物破裂罪 ………133
過失建造物等浸害罪 ……136
過失致死傷罪 ……………139
過失傷害罪 ………………26
過失致死罪 …………27, 119
過失致死傷罪 ……………129
過失犯 ……………………26
加重収賄罪 ………………200
加重逃走罪 ………………187
加重封印等破棄罪 ………185
過剰防衛 ………………9, 20
ガス等漏出罪・流出罪・遮断罪
　………………………134
ガス等漏出等致死傷罪 …134
仮装譲渡 …………………185
仮装の債務負担 …………185
喝取 ………………………103
割賦販売 …………………107
姦淫 ………………………37
監禁罪 ……………………45
監禁致死傷罪 ……………46
鑑札 ………………………155
看守 ………………………55
看守者等逃走幇助罪 ……188
間接正犯 ………6, 36, 154, 156
艦船 …………………55, 127
完全性侵害説 ……………18
観念的競合 ……11, 93, 94, 183
管理可能性説 ……………73

き

器械 ………………………147
毀棄 ………………………152

毀棄及び隠匿の罪 ……72,117
毀棄罪………………72,106
偽計………………67,185
危険運転行為………………24
危険運転致死傷罪………23
危険犯………………47
汽車………………127
汽車・電車・艦船転覆罪・破壊罪………………138
汽車等転覆等致死罪……138
偽証罪………………192
規制薬物………………203
偽造………………145,149
偽造公印等使用罪………162
偽造公記号使用罪………163
偽造公文書行使罪………155
偽造私印等使用罪………163
偽造私文書行使罪………157
偽造証拠等使用罪………190
偽造等外国通貨行使等罪
………………146
偽造等御璽使用罪………162
偽造等通貨行使・交付・輸入罪………………144
偽造等通貨収得罪………146
偽造等有価証券行使罪……159
虚偽文書の作成………152
毀損………………62,67
器物………………118
器物損壊罪………………119
欺罔………………97
客観説………………181,192
客観的危険説………………16
境界損壊罪………………120
恐喝………………102
恐喝罪………72,78,102,105
凶器………………25
凶器準備結集罪………………25
凶器準備集合罪………………25
教唆犯………………87,168
強取………………85
強制執行関係売却妨害罪
………………185

強制執行行為妨害罪……185
強制執行妨害目的財産損壊罪
………………184
強制わいせつ罪………………35
強制わいせつ致死傷罪……42
共同正犯………10,11,12,23,43,
87,92,110,111,197
共同占有………………77
競売………………186
強迫………………97,103
脅迫………………46
脅迫罪………18,46,47,102
共犯関係からの離脱………40
共犯と身分
………33,36,110,168,197
共犯の錯誤……10,87,92,111
共謀………………10
共謀共同正犯………………36
業務………………27,110,134
業務上横領罪………………109
業務上過失往来危険罪……139
業務上過失致死傷罪………27
業務上・重過失激発物破裂罪
………………134
業務上・重過失失火罪……134
業務上堕胎罪………………31
業務上堕胎致死傷罪………31
業務妨害罪………………67
共有物………………107
供与………………202
供用………………158,161
強要罪………………47
虚偽鑑定罪………………193
虚偽公文書作成罪・変造罪
………………154
虚偽告訴罪………………193
虚偽私文書作成罪………157
虚偽通訳罪………………193
虚偽の記載………………157
虚偽の情報………………70
虚偽の陳述………………192
虚偽の風説………………67
虚偽の申立て………………155

虚偽翻訳罪………………193
挙動犯………………192
緊急避難………………9
禁錮刑………………175
禁制品………………74

く

具体的危険説………………16
具体的危険犯
………………32,125,130,131
具体的事実の錯誤…………8
具体的職務権限………181

け

傾向犯………………36
形式主義………………147
刑事訴訟法……29,41,44,45,
53,66,171,171,192,197
継続犯………………45,49
軽犯罪法………………132
軽犯罪法違反………………189
激発物破裂罪………………133
結果行為………………21
結果的加重犯………21,31,34,
43,46,92,93,94,195
結果的加重犯説………19
原因行為………………21
原因において自由な行為…20
厳格故意説………………183
権限濫用説………………113
現住建造物等浸害罪……135
現住建造物等放火罪
………………127,129
建造物………55,118,127,128
建造物損壊罪………………118
建造物損壊致死傷罪……118
建造物等以外放火罪……131
限定積極説………………68
限定的肯定説………………92
限定的主観説………………15
限定的列挙………………47
現場助勢罪………………22
憲法………………71

権利・義務に関する文書
　　　………………………156
権利行使 ………………………78
原料 …………………………147
権力的公務 ……………………68
牽連犯 …………11, 57, 83, 87

こ

故意 ……7, 19, 115, 128, 182, 189
故意犯説 ………………………19
公印等偽造罪 ………………162
公印等不正使用罪 …………162
交換価値 ………………………73
強姦罪 …………………36, 43, 88
強姦殺人罪 ……………………44
強姦致死傷罪 ……………40, 42
強姦致傷罪 ……………………23
強姦未遂罪 ……………………40
公記号偽造罪 ………………163
公記号不正使用罪 …………163
合議制 …………………………3
公共危険罪 …………………124
公共の危険 …………………124
公共の利害に関する場合の特
　例 ……………………………62
抗拒不能 …………………39, 86
公契約関係競売妨害罪 ……185
後見人 …………………………96
鉱坑 …………………………127
行使 …………………145, 152
行使の目的 ……………144, 152
公正証書原本不実記載罪
　……………………………154
不正指令電磁的記録作成罪
　……………………………164
向精神薬 ……………………206
構成要件該当性 …………8, 56
構成要件阻却事由説 …………65
構成要件的故意
　………7, 37, 190, 192, 210
構成要件的錯誤
　………8, 14, 111, 119, 128, 210
公然 ……………………61, 165

公然わいせつ罪 ……………165
公訴時効 ………………11, 202
公電磁的記録 ………………158
強盗強姦罪 …………………87, 93
強盗強姦致死罪 ………………93
強盗強姦未遂罪 ………………94
強盗罪 …………………72, 84, 88
強盗殺人罪 ……………77, 90, 92, 93
強盗傷人罪 ……………………90
強盗致死罪 ……………………90
強盗致死傷罪 …………………92
強盗致傷罪 ………………23, 90
強盗の機会 ……………………91
強盗予備罪 ………………12, 88
交付 …………………………145
公文書 ……………………117, 153
公文書偽造罪・変造罪 ……153
公務 ………………………68, 179
公務員 …………………64, 179, 197
公務員職権濫用罪 …………194
公務執行妨害罪 ……………179
効用喪失説 …………………126
公用文書等毀棄罪 …………117
コカイン ……………………206
国際的な協力の下に規制薬物
　に係る不正行為を助長する
　行為等の防止を図るための
　麻薬及び向精神薬取締法等
　の特例等に関する法律
　……………………………205
告訴 ……………………………41
国立大学法人法 ……………197
御璽等偽造罪 ………………162
御璽等不正使用罪 …………162
個人的法益 ……………………1
誤想過剰防衛 …………………20
国家公務員法 …………………59
国家的法益 ……………100, 173
国交に関する罪 ……………178
昏睡強盗罪 ………………88, 90
混入 …………………………143

さ

財産上の損害 ……………99, 114
財産上の不法の利益 …………74
財産犯 …………………………71
裁判員裁判 ……3, 25, 31, 34, 44, 46, 50, 90, 94, 119, 134, 135, 137, 138, 143, 144, 195, 205, 211
裁判員の参加する刑事裁判に
　関する法律 ………………4, 59
裁判所法 ……………………3, 27
財物 ……………………………73
財物の交付 ……………98, 103
詐欺罪 ……72, 78, 79, 80, 97, 105, 130, 156
詐欺賭博 ……………………167
作為 ……………………………5
錯誤 ……………………………98
作成権限 ……………………150
殺意 ……………………………7
殺人罪 …………4, 11, 14, 15, 129
殺人未遂罪 ……………8, 14, 119
殺人予備罪 ……………………12

し

私印等偽造罪 ………………163
私印等不正使用罪 …………163
自衛隊法 ………………………59
事後強盗罪 ……………………88
事後従犯 ………………52, 115
事後収賄罪 …………………200
自己の財物 ……………94, 105
自己の所有 ……………130, 133
自己の物 ……………………119
自殺関与罪 ……………………13
自殺教唆罪 ……………………13
自殺幇助罪 ……………………13
事実証明に関する文書 ……156
事実の公共性 …………………63
事実の錯誤 …………………182
事実の真実性 …………………64
事実の摘示 ……………………61

事項索引　215

死者の占有……………………77
死者名誉毀損罪………………62
自首……………………………53
自首による刑の免除………177
私戦陰謀罪…………………178
事前収賄罪…………………199
私戦予備罪…………………178
死体損壊罪…………………129
死体等損壊罪・遺棄罪・領得
　罪…………………………170
失火罪………………………133
実行共同正犯…………………37
実行行為……………………5,44
実行の着手
　…5,38,43,80,85,98,103,125
実質主義……………………147
私電磁的記録………………158
自動車運転過失致死傷罪
　………………………………27
支配の意思……………………75
支配の事実……………………75
自白による刑の減免………193
支払用カード電磁的記録不正
　作出罪・供用罪…………160
支払用カード電磁的記録不正
　作出準備罪………………161
私文書………………………118
私文書偽造罪・変造罪……156
社会的法益…………………121
写真コピー…………………149
重過失………………………134
重過失致死傷罪………………27
住居……………………………55
住居侵入罪……………54,129
重婚罪………………………167
収受…………………………198
自由心証主義………………210
重大な過失……………………28
集団強姦罪……………………39
集団強姦致死傷罪……………42
集団強姦致傷罪………………43
集団準強姦罪…………………39
集団犯………………………123

収得…………………………146
収賄罪………………………105,197
主観説……………16,181,192
受託者………………………106
受託収賄罪…………………199
出水危険罪…………………136
取得説…………………………81
証人等威迫罪………………191
準強制わいせつ罪……………39
準強姦罪………………………39
準強盗罪………………88,90
準詐欺罪……………………101
使用…………………………209
施用…………………………209
傷害……………………18,119
傷害罪……………18,43,89,129
傷害致死罪……11,21,23,89
障害未遂………………………15
使用価値………………………73
消火妨害罪…………………132
消極説…………………………68
承継的共犯……………………92
上下主従間の占有……………76
条件説……………………………7
証拠隠滅罪・偽造罪・変造罪
　……………………………190
常習賭博罪…………………168
詔書等偽造罪・変造罪……153
浄水…………………………142
浄水汚染罪…………………141
浄水汚染等致死傷罪………142
浄水毒物等混入罪…………142
使用窃盗………………………82
焼損…………………………126
状態犯……………49,109,187
承諾殺人罪……………………13
少年法…………………………49
私用文書等毀棄罪…………118
情報……………………………74
嘱託殺人罪……………………13
職務強要罪…………………184
職務行為……………………198
職務行為の適法性…………180

職務密接関連行為…………198
所在国外移送目的拐取罪
　………………………………50
所持…………………………208
所持説…………………………72
処罰阻却事由説………………65
処分行為………………………86
署名……………………151,162
侵害犯…………………………48
信義誠実の原則……………114
親告罪
　…27,41,53,59,66,96,120
真実性の錯誤…………………65
真摯な努力……………………40
信書隠匿罪…………………120
信書開封罪……………………58
心神耗弱……………………101
心神喪失……………………9,39
人身売買罪……………………51
心神耗弱………………………9
真正不作為犯…6,33,57,124
真正身分犯……31,36,110,197
親族関係………………………95
親族間の犯罪に関する特例
　………………………95,105,112
親族相盗例……………………95
親族等の間の犯罪に関する特
　例…………………………117
親族による犯罪に関する特例
　……………………………191
人的処罰阻却事由説…………96
侵入……………………………56
信用毀損罪……………………66
信頼の原則……………………29

す

水源…………………………142
推定的承諾……………………56
推定無罪……………………210
水道…………………………142
水道汚染罪…………………141
水道損壊罪…………………142
水道毒物等混入罪…………142

水道毒物等混入致死罪‥‥142
水道閉塞罪‥‥‥‥‥‥142
水防妨害罪‥‥‥‥‥‥136
水利妨害罪‥‥‥‥‥‥136
数故意説‥‥‥‥‥‥‥‥8
図画‥‥‥‥‥‥‥‥‥149
図利加害目的‥‥‥‥‥113

せ

税関職員あへん煙輸入等罪
‥‥‥‥‥‥‥‥‥‥140
制限故意説‥‥‥‥‥‥183
正式裁判‥‥‥‥‥‥‥‥29
性質上の凶器‥‥‥‥‥‥25
政治犯‥‥‥‥‥‥‥‥175
製造‥‥‥‥‥‥‥‥‥208
請託‥‥‥‥‥‥‥‥‥199
正当な理由‥‥‥‥‥‥‥56
正当行為‥‥‥‥‥‥‥‥20
正当防衛‥‥‥‥‥‥‥9,20
生理機能障害説‥‥‥‥‥18
責任阻却事由‥‥‥‥‥‥9
責任年齢‥‥‥‥‥‥‥‥9
説教等妨害罪‥‥‥‥‥169
接触説‥‥‥‥‥‥‥‥‥81
折衷説‥‥‥‥‥‥15,181
折衷的相当因果関係説‥‥7
窃盗罪
‥‥72,77,79,87,92,99,111
占有‥‥‥‥‥‥‥‥74,106
占有の有無‥‥‥‥‥‥‥75
占有の帰属‥‥‥‥‥‥‥76
占有離脱物‥‥‥‥‥76,111
占有離脱物横領罪‥‥77,110

そ

相当の理由‥‥‥‥‥‥‥65
蔵匿‥‥‥‥‥‥‥‥‥189
騒乱罪‥‥‥‥‥‥‥‥123
贈賄罪‥‥‥‥105,197,202
訴訟詐欺‥‥‥‥‥‥‥‥99
損壊‥‥‥‥‥70,118,170,185

た

第三者供賄罪‥‥‥‥‥199
逮捕監禁罪‥‥‥‥‥‥‥45
逮捕罪‥‥‥‥‥‥‥‥‥45
逮捕致死傷罪‥‥‥‥‥‥46
大麻‥‥‥‥‥‥‥‥‥207
大麻取締法‥‥‥‥‥‥205
代理・代表権の逸脱及びその
　濫用‥‥‥‥‥‥‥‥150
代理・代表名義の冒用‥‥150
択一関係‥‥‥‥‥‥‥115
多衆不解散罪‥‥‥‥‥124
堕胎罪‥‥‥‥‥‥‥‥‥30
窃取‥‥‥‥‥‥‥‥‥‥79
奪取罪‥‥‥‥‥‥‥72,106
他人の事務‥‥‥‥‥‥112
他人の物‥‥‥‥‥‥‥107
談合‥‥‥‥‥‥‥‥‥186
談合罪‥‥‥‥‥‥‥‥185
単純遺棄罪‥‥‥‥‥‥‥32
単純横領罪‥‥‥‥‥‥110
単純収賄罪‥‥‥‥‥‥196
単純賭博罪‥‥‥‥‥‥168

ち

地方公務員法‥‥‥‥‥‥59
中間省略登記‥‥‥‥‥155
中間説‥‥‥‥‥‥‥‥‥72
中止行為‥‥‥‥‥‥‥‥15
中止の任意性‥‥‥‥‥‥15
中止未遂‥‥‥12,14,15,40,88
抽象的危険犯‥‥‥‥32,125
抽象的事実の錯誤‥‥8,92,211
抽象的職務権限‥‥‥‥180
中立命令違反罪‥‥‥‥178
懲役刑‥‥‥‥‥‥‥‥175
抽象的事実の錯誤‥‥‥129
直接正犯‥‥‥‥‥‥‥‥6
知慮浅薄‥‥‥‥‥‥‥101

つ

追求権妨害説‥‥‥‥‥115

追徴‥‥‥‥‥‥‥‥‥201
通貨‥‥‥‥‥‥‥‥‥144
通貨偽造罪‥‥‥‥‥‥144
通貨偽造等準備罪‥‥‥147
通貨収得後知情行使罪‥‥146
通貨変造罪‥‥‥‥‥‥144
通関説‥‥‥‥‥‥‥‥207

て

邸宅‥‥‥‥‥‥‥‥‥‥55
電気‥‥‥‥‥‥‥‥‥‥96
電子計算機‥‥‥‥‥‥‥70
電子計算機使用詐欺罪‥‥101
電子計算機損壊等業務妨害罪
‥‥‥‥‥‥‥‥‥‥‥69
電磁的記録‥‥‥‥70,148,155
電磁的記録不正作出罪・供用
　罪‥‥‥‥‥‥‥‥‥158
電車‥‥‥‥‥‥‥‥‥127

と

同意殺人罪‥‥‥‥‥‥‥13
同意堕胎罪‥‥‥‥‥‥‥30
同意堕胎致死傷罪‥‥‥‥30
同時傷害の特例‥‥‥22,43
同時犯‥‥‥‥‥‥‥10,43
逃走‥‥‥‥‥‥‥‥‥187
逃走罪‥‥‥‥‥‥‥‥186
逃走幇助罪‥‥‥‥‥‥188
到着説‥‥‥‥‥‥‥‥207
盗品等‥‥‥‥‥‥‥‥116
盗品等運搬罪‥‥‥‥‥116
盗品等に関する罪‥‥72,115
盗品等保管罪‥‥‥‥‥116
盗品等無償譲受け罪‥‥115
盗品等有償処分あっせん罪
‥‥‥‥‥‥‥‥‥‥116
盗品等有償譲受け罪‥‥116
道路交通法‥‥‥‥‥25,28
道路交通法違反‥‥‥‥‥25
特別公務員職権濫用罪‥‥194
特別公務員職権濫用等致死傷
　罪‥‥‥‥‥‥‥‥‥195

事項索引　　*217*

特別公務員暴行陵虐罪‥‥195
独立燃焼説‥‥‥‥‥‥‥126
土地改良法‥‥‥‥‥‥‥197
博徒結合図利罪‥‥‥‥‥168
賭博罪‥‥‥‥‥‥‥‥‥167
賭博場開帳図利罪‥‥‥‥168
富くじ発売罪等‥‥‥‥‥169

な

内部的名誉‥‥‥‥‥‥‥60
内乱陰謀罪‥‥‥‥‥‥‥176
内乱罪‥‥‥‥‥‥‥123,176
内乱等幇助罪‥‥‥‥‥‥176
内乱予備罪‥‥‥‥‥‥‥176

に

日本銀行法‥‥‥‥‥‥‥197
入札‥‥‥‥‥‥‥‥‥‥186
任務違背行為‥‥‥‥‥‥113

は

配偶者‥‥‥‥‥‥‥‥‥167
背信説‥‥‥‥‥‥‥‥‥113
背任罪‥‥‥‥‥‥72,105,112
売買の目的物‥‥‥‥‥‥107
破産法‥‥‥‥‥‥‥‥‥197
反抗抑圧‥‥‥‥‥‥‥‥85
犯罪行為‥‥‥‥‥‥‥‥64
犯罪の競合‥‥‥‥‥‥‥11
犯人隠避罪‥‥‥‥‥‥‥189
犯人蔵匿罪‥‥‥‥‥‥‥189

ひ

被害者参加制度‥‥‥‥‥44
被害者の承諾‥‥‥‥‥8,20
被拐取者所在国外移送罪
‥‥‥‥‥‥‥‥‥‥‥51
被拐取者引渡し等罪‥‥‥51
非現住建造物等浸害罪‥‥135
非現住建造物等放火罪
‥‥‥‥‥‥‥‥‥129,130
非建造物‥‥‥‥‥‥‥‥131
非権力的公務‥‥‥‥‥‥68

被拘禁者奪取罪‥‥‥‥‥187
非親告罪‥‥‥‥‥‥‥‥41
非奪取罪‥‥‥‥‥‥‥72,106
必要的共犯‥‥‥‥‥123,197
人‥‥‥‥‥‥‥‥‥‥4,127
人を欺く行為‥‥‥‥‥‥97
秘密漏示罪‥‥‥‥‥‥‥58
漂流物‥‥‥‥‥‥‥‥‥110

ふ

封印等破棄罪‥‥‥‥‥‥184
不解散罪‥‥‥‥‥‥‥‥5
不可罰的事後行為‥‥‥‥81
誣告罪‥‥‥‥‥‥‥‥‥193
不作為‥‥‥‥‥‥‥‥‥5
不実の記載‥‥‥‥‥‥‥155
侮辱罪‥‥‥‥‥‥61,65,189
不真正不作為犯‥‥‥‥5,125
不真正身分犯‥‥‥‥‥33,110
不正作出‥‥‥‥‥‥158,161
不正使用‥‥‥‥‥‥‥‥162
不正指令電磁的記録取得罪
‥‥‥‥‥‥‥‥‥‥‥164
不正電磁的記録カード所持罪
‥‥‥‥‥‥‥‥‥‥‥161
不正の指令‥‥‥‥‥‥‥70
不退去罪‥‥‥‥‥‥‥5,57
物色説‥‥‥‥‥‥‥‥‥80
不同意堕胎罪‥‥‥‥‥‥31
不同意堕胎致死傷罪‥‥‥31
不動産侵奪罪‥‥‥‥‥‥83
不能犯‥‥‥‥‥‥‥‥‥15
不法原因給付‥‥‥‥‥‥78
不法利得‥‥‥‥74,86,99,104
不法領得の意思‥‥‥‥81,86
文書‥‥‥‥‥‥‥‥‥‥148
墳墓発掘罪‥‥‥‥‥‥‥170
墳墓発掘死体損壊罪・遺棄
　罪・領得罪‥‥‥‥‥‥171

へ

併合罪‥‥‥‥‥‥‥‥11,87
ヘロイン‥‥‥‥‥‥‥‥206

変死者密葬罪‥‥‥‥‥‥171
騙取‥‥‥‥‥‥‥‥‥‥98
変造‥‥‥‥‥‥‥‥145,151

ほ

放火‥‥‥‥‥‥‥‥‥‥125
包括一罪‥‥‥‥‥‥‥‥100
放火予備罪‥‥‥‥‥12,132
暴行‥‥‥‥‥‥‥‥‥‥16
暴行・脅迫
‥‥‥‥‥‥38,84,89,123,182
暴行罪‥‥‥‥‥‥16,46,183
法条競合‥‥‥‥‥‥‥‥115
包装物の占有‥‥‥‥‥‥76
法定的符合説‥8,92,211,129
暴動‥‥‥‥‥‥‥‥‥‥176
法律の錯誤‥‥‥‥‥‥‥182
保護責任者遺棄罪‥‥‥‥33
保護責任者遺棄致死傷罪
‥‥‥‥‥‥‥‥‥‥‥34
保護責任者不保護罪‥‥6,33
保護法益‥‥‥‥‥‥72,124
母体保護法‥‥‥‥‥‥‥30
没収‥‥‥‥‥‥‥‥‥‥201
本権説‥‥‥‥‥‥‥‥‥72

ま

麻薬‥‥‥‥‥‥‥‥‥‥206
麻薬及び向精神薬取締法
‥‥‥‥‥‥‥‥‥‥‥205
麻薬特例法‥‥‥‥‥‥‥205
麻薬取締法‥‥‥‥‥205,209
麻薬取締法違反‥‥‥‥‥211

み

未成年拐取罪‥‥‥‥‥‥49
身代金交付罪‥‥‥‥‥‥50
身代金目的拐取罪‥‥‥‥50
身代金目的拐取予備罪‥‥52
身代金要求罪‥‥‥‥‥‥50
身分犯‥‥‥‥‥‥31,36,50
民事訴訟法‥‥‥‥‥‥‥192
民法‥‥‥45,49,78,97,98,103

む

無印公文書 ………………153
無形偽造 ………148,152,157
無限定積極説 ……………68

め

名義人の承諾 ……………150
名誉感情 ………………60,66
名誉毀損罪 ………………60
免状 ………………………155

も

申込み ……………………202
目的の公益性 ……………64
目的犯 ……………49,50,210
モルヒネ …………………206

や

約束 …………………198,202

ゆ

有印公文書 ………………153
誘拐 ………………………49
有価証券偽造罪・変造罪
　………………………159
有価証券虚偽記入罪 ……159
有形偽造 ……………148,149
有体性説 …………………73
輸出 ………………………208
譲受け ……………………209
譲渡し ……………………209
輸入 …………………145,207

よ

要求 ………………………198
用法上の凶器 ……………25
予備罪 ……………………12

り

陸揚げ説 …………………207
略式手続 ………………29,83
略取 ………………………49
領域説 ……………………207
領得 ………………………171
領得行為説 ………………108
領得罪 …………………72,106
旅券 ………………………155
輪姦 ………………………39

れ

例示的列挙 ………………48
礼拝所等不敬罪 …………169

ろ

労働争議 …………………69

わ

わいせつな行為 ……36,165
わいせつ物頒布罪・公然陳列
　罪・所持罪・保管罪 …165
賄賂 ………………………198
賄賂の罪 …………………196
和姦 ………………………37

著者紹介
五島幸雄（ごとう ゆきお）
1946年新潟県長岡市生まれ。県立長岡高等学校を経て、1968年中央大学法学部卒業。翌1969年司法試験合格。
1972年検事任官。その後、東京地検検事、総務庁人事局参事官、横浜地検刑事部長、東京地検公判部長、福岡地検次席検事、宮崎地検検事正、広島高検次席検事、最高検検事、水戸地検検事正、京都地検検事正を経て、2005年検事退官。
現　在　帝京大学法学部教授・公証人（丸の内公証役場）
主要著書
『熱血検事 駆ける！』（法学書院・初版2005、第2版2009）
『実務に即した刑法総論』（成文堂・2010）
その他、『公務員勤務関係労働判例総覧』編集にも携わる。

実務に即した刑法各論

平成23年9月1日　初版第1刷発行

著　者	五島幸雄	
発行者	阿部耕一	

〒162-0041　東京都新宿区早稲田鶴巻町514番地
発行所　株式会社　成文堂
電話 03(3203)9201(代)　Fax 03(3203)9206
http://www.seibundoh.co.jp

製版・印刷・製本 藤原印刷　　　　　　　　　検印省略
☆乱丁・落丁本はおとりかえいたします☆
Ⓒ 2011 Y. Goto　　　Printed in Japan
ISBN978-4-7923-1914-4　C3032

定価(本体2,600円+税)